政协太原市晋源区委员会 编

街区·城池

石建设 著

山西出版传媒集团 山西人民出版社

图书在版编目（CIP）数据

街区·城池：明太原县城/政协太原市晋源区委员会编；石建设著. --太原：山西人民出版社，2018.12

ISBN 978-7-203-10598-5

Ⅰ.①街… Ⅱ.①政… ②石… Ⅲ.①太原县—概况—摄影集 Ⅳ.①K922.54-64

中国版本图书馆CIP数据核字（2018）第282736号

街区·城池：明太原县城

编　　者：政协太原市晋源区委员会
著　　者：石建设
责任编辑：吴春华
复　　审：刘小玲
终　　审：姚　军
装帧设计：李　泽

出 版 者：山西出版传媒集团·山西人民出版社
地　　址：太原市建设南路21号
邮　　编：030012
发行营销：0351-4922220　4955996　4956039　4922127（传真）
天猫官网：http://sxrmcbs.tmall.com　电话：0351-4922159
E-mail：sxskcb@163.com　发行部
　　　　sxskcb@126.com　总编室
网　　址：www.sxskcb.com

经 销 者：山西出版传媒集团·山西人民出版社
承 印 厂：山西臣功印刷包装有限公司

开　　本：787mm×1092mm　1/12
印　　张：20
印　　数：1—7500册
版　　次：2018年12月　第1版
印　　次：2018年12月　第1次印刷
书　　号：ISBN 978-7-203-10598-5
定　　价：280.00元

《街区·城池》编委会

主　　编

董云飞

副主编

靳玉琴　黄　巨　朱永军　贺建国

委　　员

王淑娟　雷海泉　姚富生　杨秀生　聂振宇

执行主编

武　强

城记

建筑是凝固的历史，体现着人文，承载着风俗，是天人合一的反映。摄影以其记录的特性，让我们对明太原县城这座现存的文化遗迹有了逐渐的了解和认识。

在距山西太原西南 15 千米的龙山脚下，有一座建于明洪武八年（1375 年）的古县城——明太原县城，它坐落在唐尧、夏禹、西周唐国、战国赵国、西汉代都等都城遗址上，跨越历史 4000 多年，是一座值得世人说道的县城。

远在公元前 497 年，在太原盆地的南部，一座古城悄然兴起，它就是由晋国卿大夫赵简子（赵鞅）的家臣董安于负责修建，后由尹铎治理，趋于完善的一座城池——晋阳古城。这座古城历经秦汉、三国、南北朝、北魏、北齐、隋唐和五代等各时期不断的修葺和扩建，“霸府”“别都”“北京”的地位得到凸显。直至宋太平兴国四年（979 年），赵光义攻下太原，下令“火烧水灌”晋阳城，使这座有着近 1500 年历史的古城化作了废墟；后下诏废晋阳、太原二县，设并州军事于榆次，另在晋阳故城北（今小店城西村东，马练营西，南、北畔村之间）筑一新城，置平晋县（“平晋”兼有“平灭晋阳城”之意）。明洪武四年（1371 年），平晋县遇水患，遂徙治于汾河之西古晋阳城南关旧基。

明洪武八年（1375年），此县名复用太原县，隶属于太原府。

历史上的太原县城内外原有大小寺庙、楼阁、祠堂50余处，职事衙门，应有尽有，儒、释、道、天主教及基督教建筑共存，大街上的13座过街牌坊、道路口的22座五道将军庙、200余家商铺字号及大街小巷的深宅大院鳞次栉比，彰显了这座古城的气质与性格。明清太原县城在晋商称雄的几百年百业兴盛，繁华一时。近代以来，时代剧变，太原古县城经历战火和人为损坏，已是伤痕累累。2011年，太原市被国务院批复列为“国家历史文化名城”，而明太原县城则为其中的重要支点，古县城的历史街区成为不可或缺的文化元素，因此，明太原县城的保护、开发和利用迫在眉睫。2012年，由政府牵头组织实施的“明太原县城复兴工程”启动，按照《太原历史文化名城保护规划（2015—2020年）》，修葺后的明太原县城将成为一处集休闲观赏、民俗风情、游客体验于一体的综合性历史文化旅游区。

目录

第一部分：图说古城 道出印记

1. 明嘉靖《太原县志》——明太原县城图 / 002
2. 清道光《太原县志》——清太原县城图 / 003
3. 1943 年《北支蒙疆的居住》书中的太原县城航拍图 / 004
4. 1946 年 10 月太原县城图 / 005

第二部分：触摸遗迹 释放情怀

1. 明太原县城的街巷 / 008
（1）东街 / 010
（2）西街 / 014
（3）南街 / 016
（4）北街 / 018
（5）以姓氏名人命名的街巷 / 020
（6）以县城内标志性建筑命名的街巷 / 024
（7）以水塘命名的街巷 / 026
（8）以地面特征命名的街巷 / 028
（9）以方位命名的街巷 / 030
2. 明太原县城的衙署 / 032
（1）县衙 / 032
（2）按察分司 / 036
（3）察院 / 038
（4）预备仓（粮仓） / 040
（5）养济院 / 042
（6）城池 / 044

3. 明太原县城的寺庙及教堂 / 046

（1）东街文庙 / 048

（2）东街东岳庙 / 050

（3）东街鼓楼 / 054

（4）西街隆恩寺 / 056

（5）西街玉皇庙 / 058

（6）西街窑神庙 / 060

（7）南街龙天庙 / 062

（8）南街财神庙 / 068

（9）南街城隍庙 / 072

（10）南街基督教神召会 / 076

（11）南街宝华阁 / 078

（12）北街关帝庙 / 080

（13）北街天主堂 / 084

4. 明太原县城的民俗信仰 / 086

（1）土地庙 / 086

（2）五道将军庙 / 088

5. 明太原县城的民居及院落 / 090

（1）一进院 / 092

（2）二进院 / 094

（3）三进院及套院 / 096

①西街楼儿院 / 098

②北后街 48 号秦氏晋泉隆钱庄院 / 100

③东横街秦家大院 / 102

④南街道台府 / 104

⑤段氏旗杆院 / 106

目录

⑥南街大厅院 / 108

6. 明太原县城宅院门钹 / 110

7. 明太原县城的宅院门 / 114

（1）砖砌券拱门 / 116

（2）随墙门 / 118

（3）屋宇式大门 / 120

①如意门 / 121

②抱厦门 / 122

③垂花门 / 123

8. 明太原县城的“三雕” / 124

（1）砖雕 / 126

①小西街 32 号院“百寿” 砖雕影壁 / 127

②西街马氏院“福字” 砖雕影壁 / 128

③北后街 46 号院“吉祥纹” 砖雕影壁 / 130

④北后街 49 号院“龟背纹” 砖雕影壁 / 132

（2）木雕 / 134

①窗棂和隔扇 / 136

（3）石雕 / 138

9. 明太原县城的过街牌坊 / 140

10. 明太原县城的门匾 / 144

（1）城门匾 / 146

（2）宅门匾 / 148

11. 明太原县城的庙会及商业 / 150

12. 历史名人 / 154

（1）王琼 / 154

（2）高汝行 / 156

（3）阎若璩 / 158

（4）杨二酉 / 160

（5）刘大鹏 / 162

（6）胡瀛 / 164

（7）陈畏三 / 166

（8）段縡 (zhen) / 168

13. 明太原县城的饮食文化 / 170

（1）刀削面 / 170

（2）灌肠 / 171

（3）馏米 / 171

（4）元宵 / 171

（5）糍粑 / 171

（6）年糕 / 171

（7）牺汤 / 172

（8）八碟八碗 / 172

（9）饺子 / 173

（10）花馍 / 173

（11）火锅 / 173

14. 明太原县城的社火及小戏 / 174

（1）太原县城“聚文会”及晋剧票友 / 175

（2）太原县城的社火 / 176

①县城南街“老架火” / 177

②农历七月抬诸神 / 178

③县城风火流星 / 180

④抬阁 / 182

⑤背棍 / 184

⑥舞龙灯 / 186

⑦二鬼摔跤 / 188

目录

⑧武技“晋阳三三叉” / 189

15. 明太原县城的民间竞技 / 190

（1）踢毽子 / 190

（2）打秋千 / 191

（3）跳绳 / 191

（4）滑冰 / 191

（5）放风筝 / 191

（6）掏窑窑 / 192

（7）刁乖乖 / 192

（8）顶悠儿 / 193

（9）黄鼠狼吃鸡 / 193

（10）滚铁环 / 193

第三部分：浴火重生 古往今来

1. 考古发掘 / 198
2. 拆迁 / 200
3. 城门 / 202
4. 城墙 / 204
5. 院落 / 206
6. 再造 / 208

后记

图说古城 道出印记

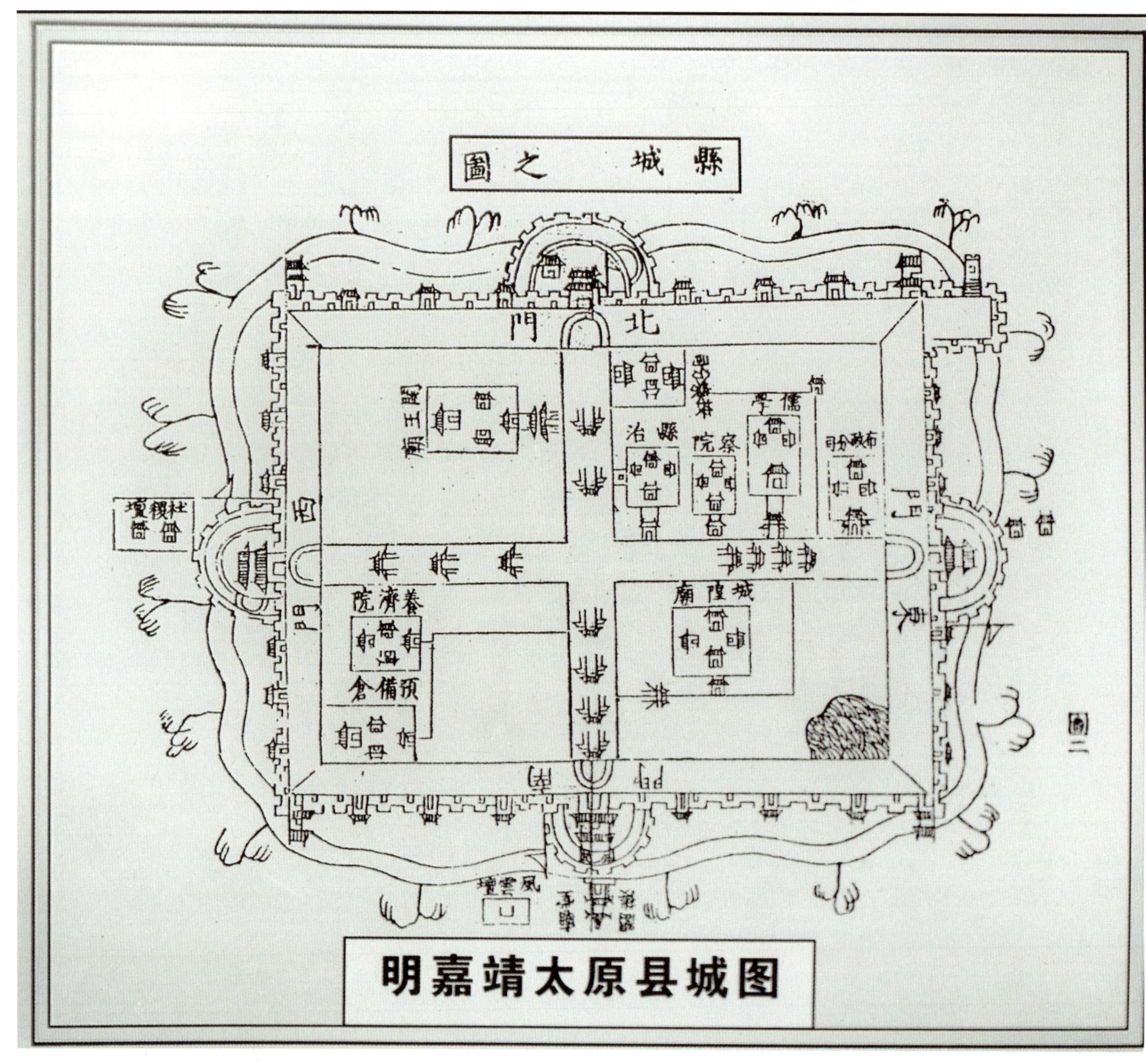

明嘉靖《太原县志》——明太原县城图

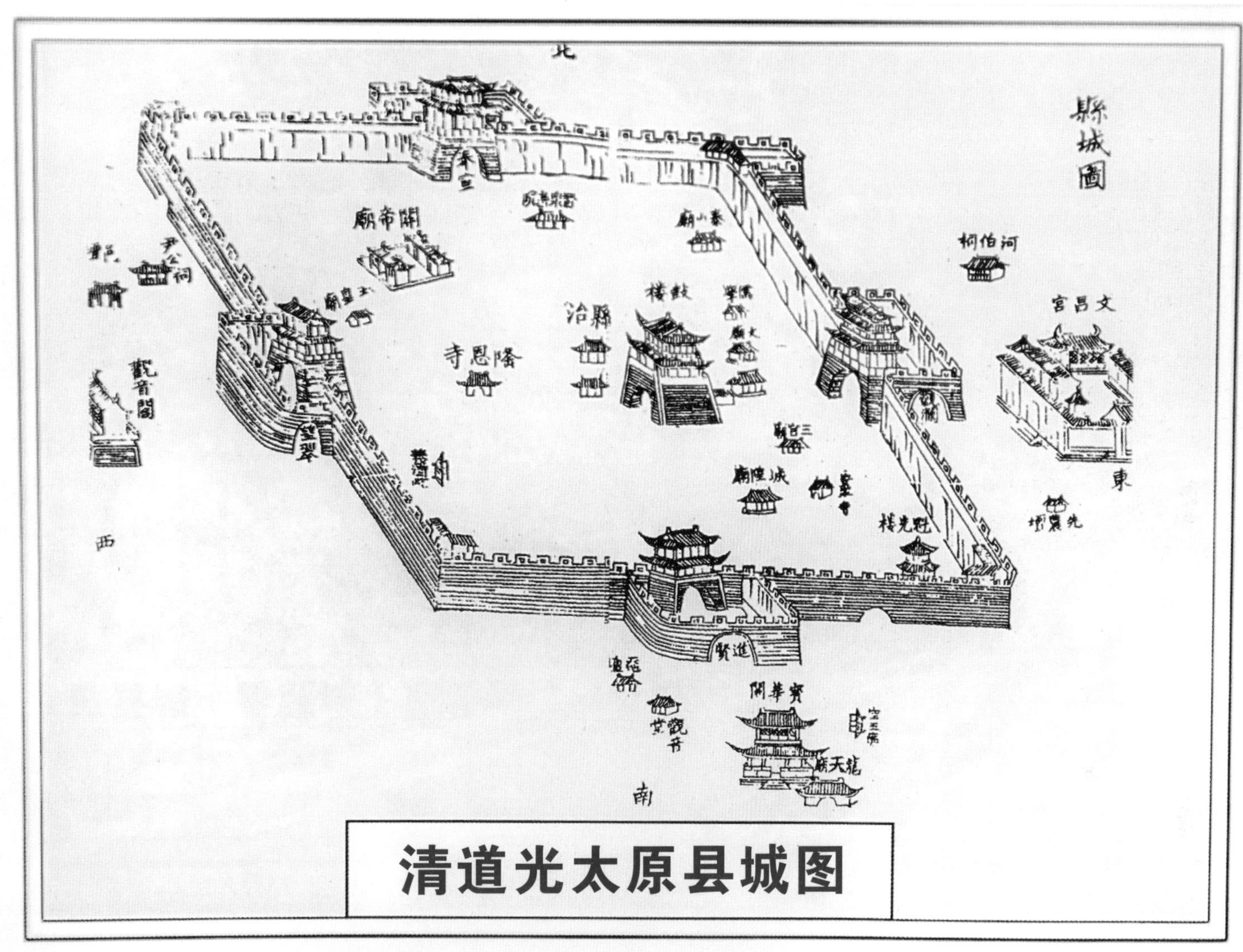

清道光太原县城图

清道光《太原县志》——清太原县城图

1943 年《北支蒙疆的居住》书中的太原县城航拍图

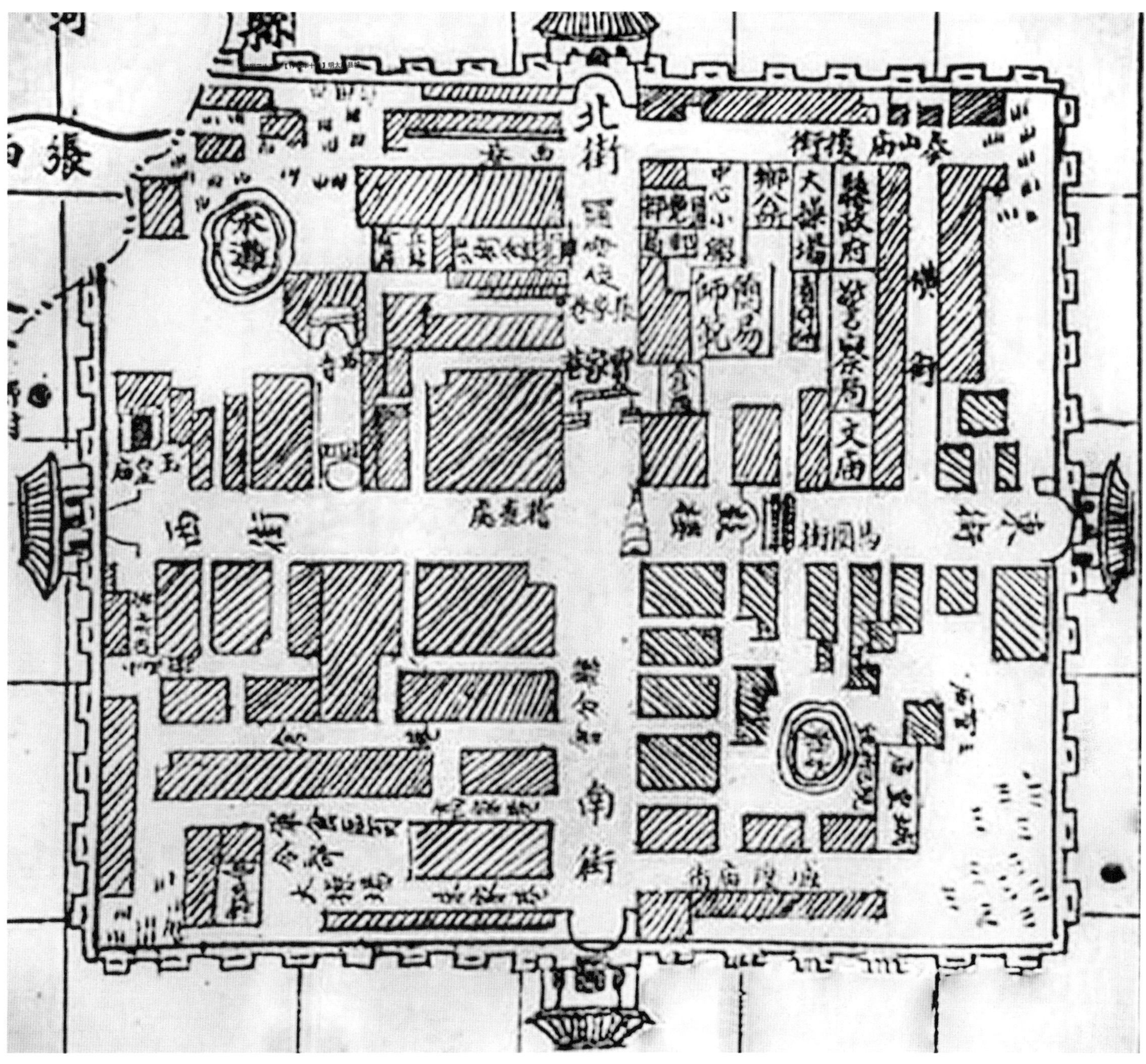

1946 年 10 月太原县城图

德化

觸摸遺迹
釋放情懷

明太原县城的街巷

明太原县城的十字大街为县城内的主要交通干道，按照街道坐落方向，以十字街中心为轴心，划分东、西、南、北四条大街。在明太原县城，历史传承下来的街道很多，既是人们趋吉就雅的用心语，也是一座城市历史发展的真实写照。

“直曰街，曲曰巷”，这是《增韵》对街巷的释义。明太原县城内的街巷，伴随着这座古城的发展，犹如一个城市的根系，见证着这座古城的沧桑变迁。它是维系和保存地域文化的载体，承载着人们的阅历和记忆。

时过境迁，尤其是清代和民国时期，县城内的街巷格局发生很大的变化。新的街巷逐渐形成，让这座古城打破了宁静，开始有了一些喧嚣，这让我们仿佛触摸到了明太原县城发展的脉搏。

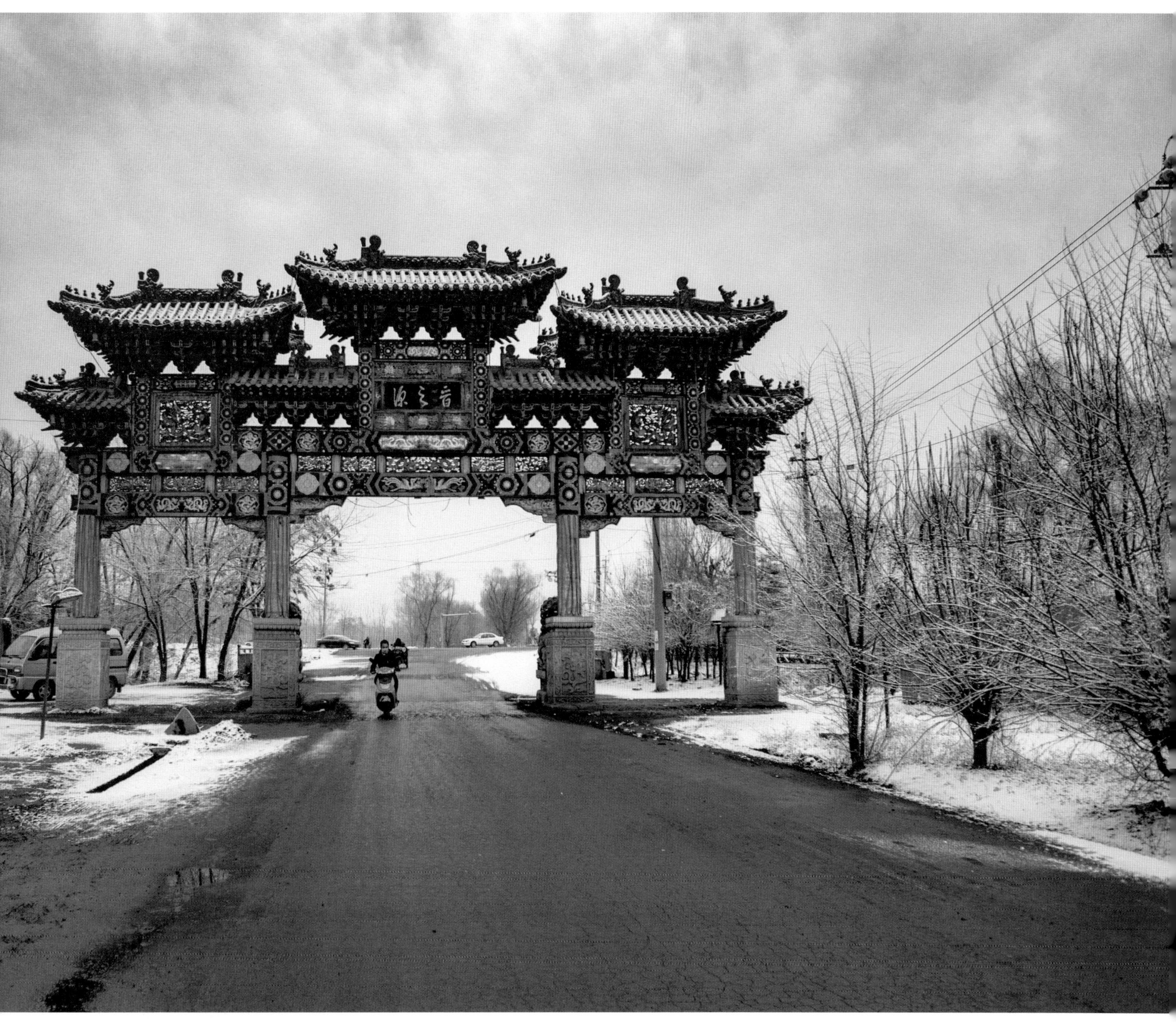

东街

明太原县城东门至十字街中心，全长546米，道路宽6米。县衙、察院、布政分司、文庙、三官庙、东岳庙、文昌宫、河神庙、王琼府等坐落其中。

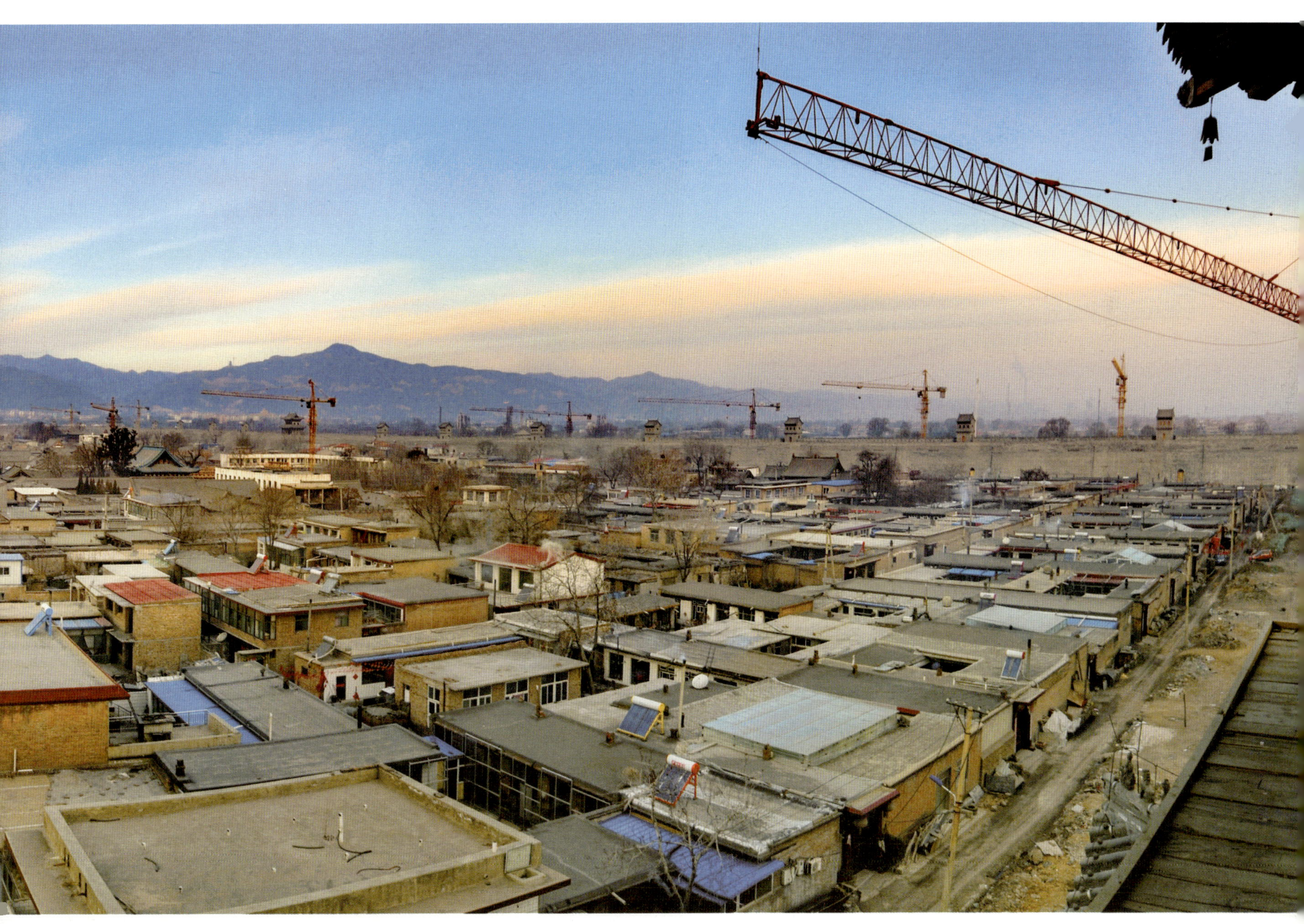

西街

明太原县城西门至十字街中心，全长594米，道路宽6米，窑神庙、隆恩寺、尹公祠、玉皇庙、社稷坛、观音阁等坐落其中，每年阴历六月廿八、七月廿二、十月十一举办的古庙会，会让人们感受到传统民俗活动的热闹气氛。

南街

明太原县城南门至十字街中心，全长 382 米，道路宽 6 米，城隍庙、财神庙、龙天庙、宝华阁、魁星楼、空王佛等寺观庙宇坐落其中，仓巷内的深宅大院，让人感受到时空的穿越。

殷夫人与儿子 一九四〇年南街留影

北街

明太原县城北门至十字街中心，全长336米，道路宽6米，关帝庙、真武庙、晋泉书院、“聚文会”（晋剧票友聚集地）、抗战时期山西牺牲救国同盟会总部等坐落其中，街内店铺字号遍布，同时，这里还是县城集市贸易的重要场所。

以姓氏名人命名的街巷

北街贾家胡同、张家胡同、傅家巷、高家巷，南街攸家巷、朱家巷、王家大门巷是由街巷内聚族的大户姓而命名。

王家大门巷

位于东街南侧。街道路面为土路，路面长度 215 米，路面宽度 5 米，占地面积 1075 平方米。

张家胡同

位于北街西侧。街道路面为土路，路面长度 140 米，路面宽度 1.1 米，占地面积 154 平方米。

朱家巷

位于南街西侧。街道路面为土路，路面长度 290 米，路面宽度 4 米，占地面积 1160 平方米。

攸家巷

又名攸家圪垛，位于南街东侧。街道路面为土路，路面长度 190 米，路面宽度4米，占地面积760平方米。

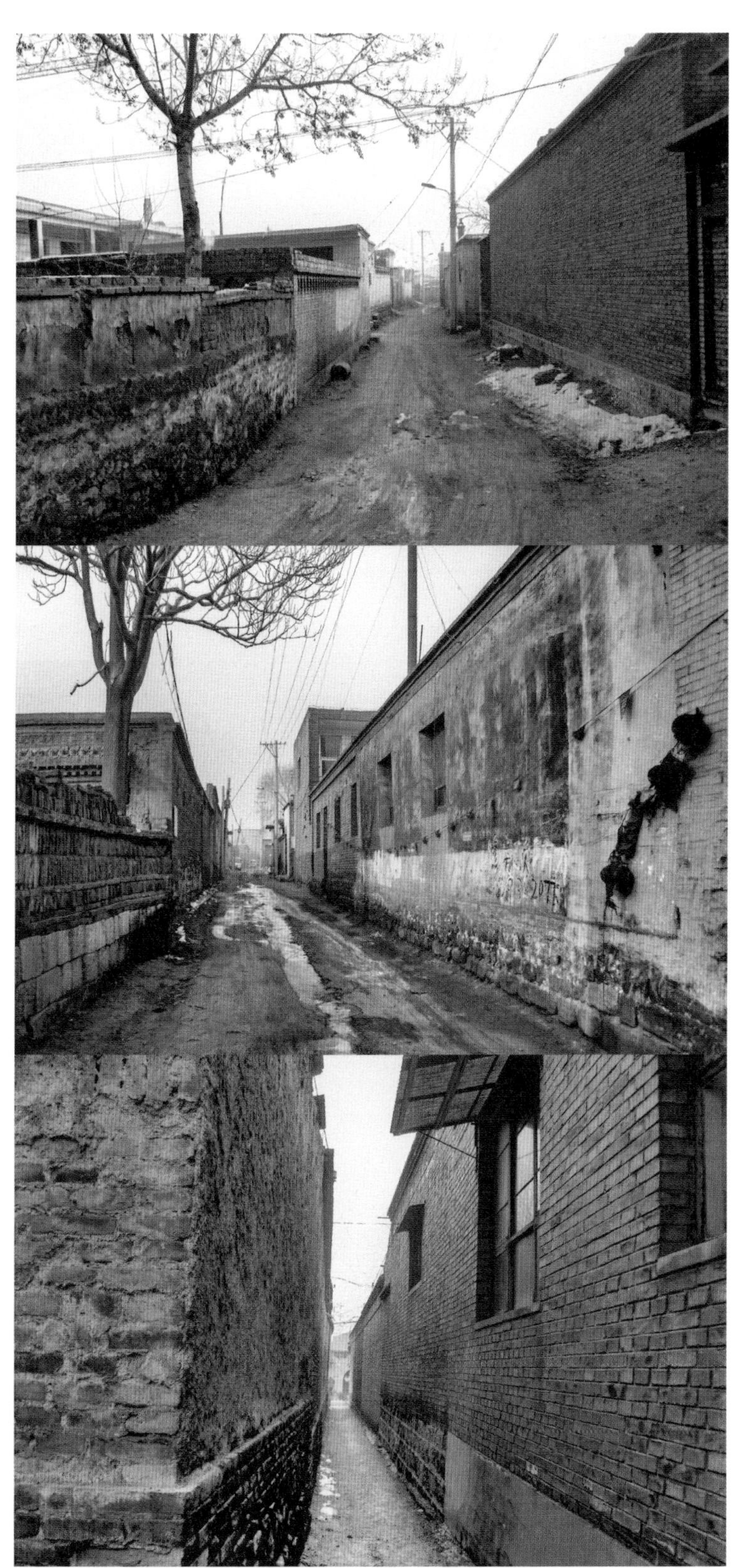

傅家巷

位于北街西一巷南侧。街道路面为土路，路面长度 260 米，路面宽度 4 米，占地面积 1040 平方米。

高家巷

位于南街西侧。街道路面为土路，路面长度 310 米，路面宽度 4 米，占地面积 1240 平方米。

贾家胡同

位于北街西侧。街道路面为土路，路面长度 60 米，路面宽度 1.2 米，占地面积 72 平方米。

以县城内标志性建筑命名的街巷

仓巷、城隍庙街、鼓楼巷、上香道巷、衙门街、西寺西巷等街巷是以县城内标志性建筑命名的，历史相对悠久。

上香道

位于东街南侧，是通往城隍庙上香的主要道路。街道路面为土路，路面长度 142 米，路面宽度 2.7 米，占地面积 383.4 平方米。

西寺西巷

是位于西街以北，隆恩寺以西的道路。街道路面为土路，路面长度 150 米，路面宽度 3 米，占地面积 450 平方米。

仓巷

位于南街西侧，东起南街口，西至仓门前，是通往预备仓的主要道路。街道路面为土路，路面长度 420 米，路面宽度 3 米，占地面积 1260 平方米。

城隍庙街

位于南街东侧，西起南街口，东至城隍庙。街道路面为土路，路面长度 230 米，路面宽度 5 米，占地面积 1150 平方米。

鼓楼巷

位于东街南侧，北起东街口，南至旧五道庙。街道路面为土路，路面长度 140 米，路面宽度 5 米，占地面积 700 平方米。

以水塘命名的街巷

海子巷的命名是因此处地势低洼，曾形成过一片水塘（俗称海子），而得名。

海子巷

位于南街东侧，西起南街口，东至南海子。街道路面为土路，路面长度130米，路面宽度1米，占地面积130平方米。

以地面特征命名的街巷

东寺圪垛、西寺圪垛，是因地势不平，隆起如垛，且临寺庙，而得名。

以方位命名的街巷

北后街、西寺巷、小西巷、东横街等因在县城所处的方位而命名。

北后街

位于北街东侧、文庙和县衙之后，西起北街口，东至东岳庙。街道路面为石材路面及土路，路面长度454米，路面宽度5米，占地面积2270平方米。

小西街

位于西街南侧，东起仓门前，西至西城墙边。街道路面为土路，路面长度370米，路面宽度3米，占地面积1110平方米。

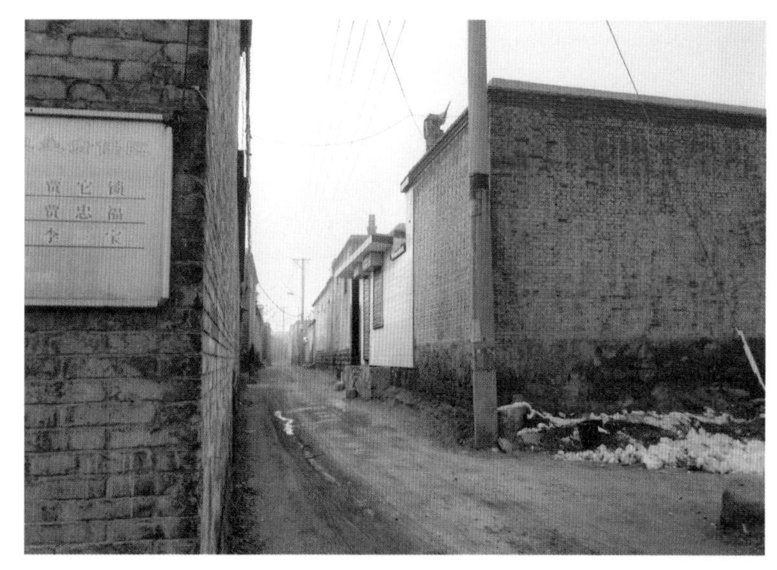

东横街

位于东街北侧，南起东街口，北至东岳庙。街道路面为土路，路面长度192米，路面宽度4米，占地面积768平方米。

明太原县城的衙署

县衙

位于明太原县城东街中段路北，明初始建，是一组规模宏大的古建筑群落，后屡有修葺。整座建筑由中轴、东西两侧及副线上的多个单元院落组成。主体建筑有影壁、县衙大门、旌善亭、申明亭、大堂、二堂、六房、皂隶房、内宅、东厅、西厅、内狱房、外狱房、狱神祠等组成。

以服务为宗旨以就业为导向兴

县衙
县衙

按察分司

位于北街路西，明嘉靖二十八年（1549年）建。明朝初年，全国一级行政区为承宣布政使司。按察分司是太原县按察使司办理一般公务及会客、居住的地方，由前后两院构成。

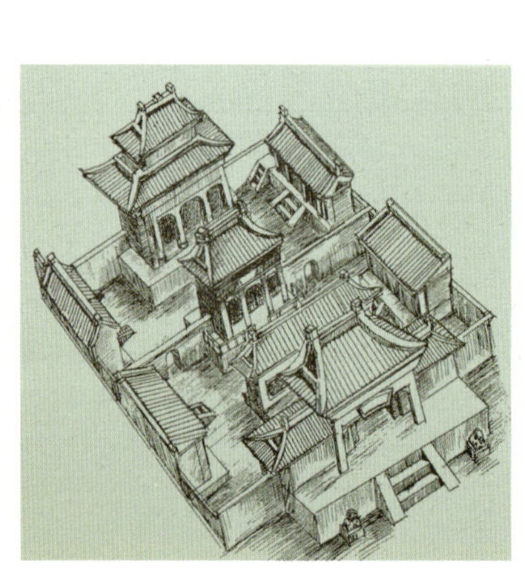

察院

位于东街路北，明永乐十八年（1420年）建，东接文庙，西临县衙，是办理刑名案件、勘核词状、提讯囚犯的机构，隶属太原府按察使司衙署。

预备仓（粮仓）

位于县城西南，明永乐三年（1405 年）建，为县城内的粮食存储仓库，分三个贮粮区，可贮谷二万四千石。

养济院

位于预备仓（粮仓）西南。明、清两代均推行“扶贫养孤”政策，养济院便应运而生。明太原县城养济院于明洪武十一年（1378 年）初建，明嘉靖十一年（1532 年）迁至预备仓（粮仓）北，为前后两院，有专职人员管理。

城池

明太原县城城垣东西长约 1152 米、南北长约 676 米，城垣周长 3732 米，城垣高 11 米，城墙底宽 13 米、上宽 9.28 米，县城呈不规则长方形。城池设四道城门，四道城门内侧均设有坡形马道，可登上城墙。城池外设护城河，四门城楼上分别供奉着关帝、文昌、财神、药王四神灵，寓意文财兼备，四方平安。城池四道城门均设有“瓮城”。北门瓮城内西有北寺，北有真武庙，北门瓮城门开口向东，城池之东西门各向正东、正西，其瓮城门洞折向正南，南城门及其瓮城门开口正南。南城墙马面 12 堵，西城墙马面 6 堵，北城墙马面 12 堵，东城墙马面 8 堵。城池设城墙角楼 4 座，城楼 4 座，36 座敌楼（瞭望楼），烽火台 1 座及魁星阁 1 座。

明太原县城的寺庙及教堂

东街文庙

位于东街路北，创建于明洪武六年（1373年），是由知县潘原英从平晋县旧城迁徙而建，建筑年代比明太原县城还早2年。文庙，南北长240余米，东西宽近50米，总占地面积约12000平方米。这组规模宏大的儒教建筑，为五进三合式院落。中轴线上有照壁、棂星门、泮池、祀殿、大成殿、明伦堂、敬一亭、藏经阁等建筑，左右东西两庑分别是名宦祠、乡贤祠、忠义孝悌祠、教谕宅、训导宅及库房、斋房等。临大街东西两面有“道冠古今”“德配天地”牌坊，棂星门两旁为八字短墙，对面为绿琉璃团龙照壁。旧时，逢春、秋两大丁祭（旧历二月和八月上旬的丁日）和孔夫子诞辰祭（旧历八月廿七）会举行隆重祭祀活动。

一九五〇年，晋源二中老师郭方与同事在文庙影壁前留影

欞星門

东街东岳庙

泰岳祠又名泰山庙、东岳庙，位于县城东北，明嘉靖《太原县志》载："东岳庙，县治东北"，可知该庙建于明嘉靖之前。东岳庙坐北朝南，东西宽 26 米，南北长 51 米，占地面积约 1326 平方米。正殿面宽 3 间（15.5 米），进深 2 间（10 米），上为单檐悬山顶，有琉璃菱形图案，高 10 余米，前面廊中有 4 根圆柱支撑，廊柱上有斗拱、双昂头，台基下左右各有厢房 5 间。正殿对面有卷棚顶乐台 3 间，高 10 余米，台基用砖石垒砌，高 2 米余，中间有通道至正门，台基上正面立柱用梁枋连接承重，外加人物山水雕镂花板，后面临街为青砖砌成，台前有石雕低栏，上蹲形状各异的小狮数只，乐楼东西各有旁门可供进出。一般庙宇建筑布局多为对称形状，明太原县城东岳庙却略有不同，正殿之东另有小院，占地仅 40 余平方米，号曰"吕祖堂"；正殿之西建有殿堂 3 间，东西宽 11 米，南北深 5.3 米，号曰"奶奶庙"，其殿比东岳庙正殿坐后 3 米余，古太原县有司岁以三月廿八祭祠，届时总要演戏、供献花烛。

明太原縣城

东街鼓楼

鼓楼又名谯楼，位于县城东街，初建于明代，清代乾隆二十六年（1761 年）重修，外设石阶可登二层，下设券洞可东西通行，为城内登高远眺之楼。

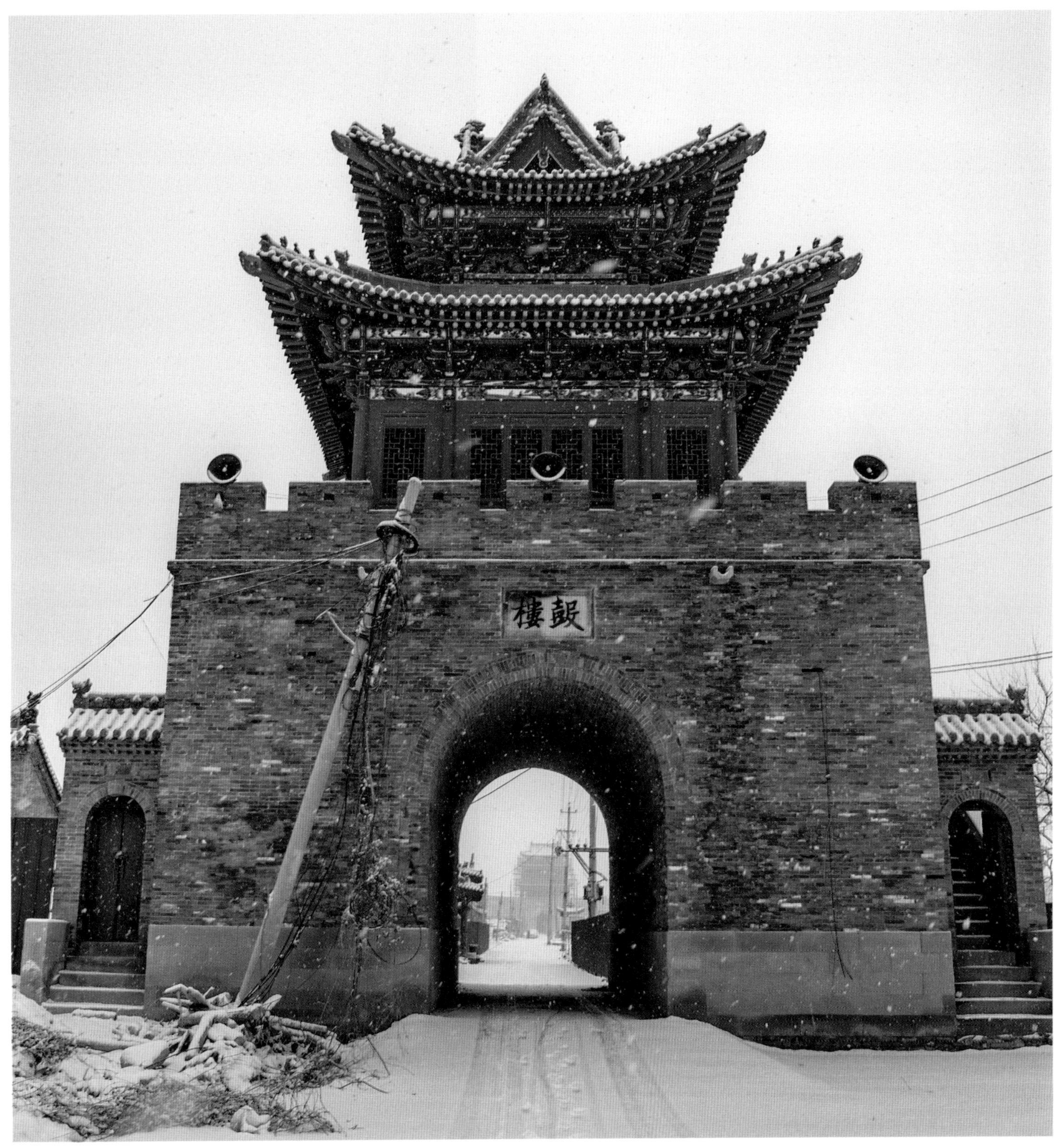
鼓樓

西街隆恩寺

隆恩寺俗称西寺庙，位于县城西街中段路北。据清道光《太原县志》载："隆恩寺，在县西街，今称西寺。"隆恩寺坐北朝南，东西宽约32米，南北长约65米，占地面积约为2080平方米。隆恩寺呈长方形，为前后院结构。前院山门宽16米，入深8米；其后为钟楼、鼓楼，各边长6米；正面天王殿（俗称过厅），面宽3间（16米），进深2间（10米），殿东有小门通后院。后院正殿，上为悬山顶，有琉璃菱形装饰，高七八米；两旁各有小偏殿，宽约7米；东西两面有厢房3间，面宽15米，进深6米。

西街玉皇庙

玉皇庙，俗称“玉帝爷庙”，位于西门城根路北，民间相传此处为“姑姑庵”旧址，清道光《太原县志》载：“玉皇庙，在县西门内，八月初一日祭”，可见玉皇庙建于明嘉靖至清道光年间。玉皇庙坐北朝南，东西宽 26 米，南北长 60 米，占地面积1500多平方米。玉皇庙呈长方形，南面建有戏台，宽12.5米，进深 10 米，庙门建在戏台正中，有通道可入庙。戏台之西有厢房数间，其东西建有对称的钟楼、鼓楼。钟、鼓二楼之北有空隙处约 10 米，再北面各有悬山顶配殿 3 间，均面宽 10.4 米，进深 5 米，前有廊。玉皇庙正殿面宽 3 间（11.1 米），进深 2 间（6.6 米），上为悬山顶，前廊约深 1.7 米，殿中神龛塑有头戴珠冠冕旒、身着九章法服的玉皇大帝坐像，旁有二童侍立。正殿之东有小偏殿一楹，奉祀木泥匠的祖师鲁班，两边墙上有壁画 10 余米，绘《赵州修桥》《应州修塔》等故事，殿顶檩上有“大清道光二十七年重修”字样，再东另有南向小耳房 1 间。正殿之西有悬山顶偏殿一座，宽约 7 米，深约 5.3 米，殿内神龛奉小大王，据清道光《太原县志》记载，小大王即春秋晋灵公（公元前 620—公元前 607 年）时所杀伪孤，此庙原在县西婴山，清乾隆时为山水所坏，邑人移神像于县城玉皇庙，时有当地进士雷仁育题联一副：一脉真灵绵赵祀，百年膏雨润周黎。

西街窑神庙

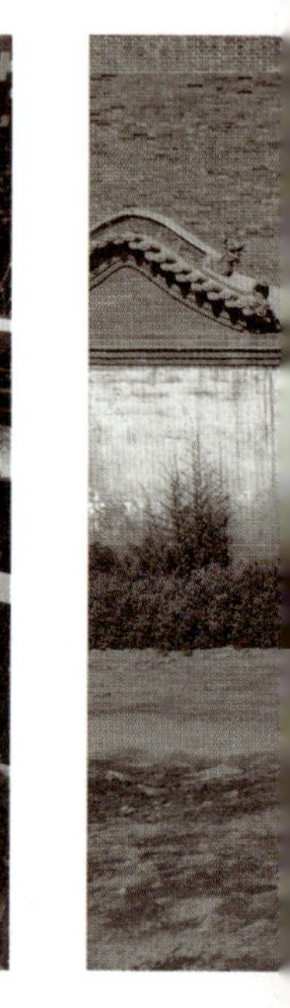

中国县城内设窑神庙的并不多见。明太原县城为何有窑神庙？这与本地矿产资源的生产和销售有关。历史上的太原县城，城西为西部山区，煤炭资源储量极其丰富，西部山区的九院峪、虎峪、冶峪、开化峪、风峪、明仙峪、柳子峪、马坊峪及南峪（又称“西山九峪”），开采煤炭资源的历史由来已久，一个峪内煤窑开采少则七八座窑，多则十几座窑，从业人员为数众多。煤炭开采及销售衍生了行业管理机构“九峪会馆”及民间建庙祭祀窑神。《太原县志》载：“窑神庙在县西门内。”民间传闻，西街窑神庙是古太原县城“西山九峪”窑主们经常聚会和议事的场所，所以，人们又常常把窑神庙叫作“九峪会馆”。清道光十七年（1837 年）及民国九年（1920 年）的功德碑，证明了

此庙在历史上确实经过多次捐资修葺，印证了该庙为民间捐资兴建的可能性。

在中国民间，祭祀活动具有神秘的文化色彩。祭祀窑神的活动体现煤业人的民俗信仰心理，带有浓重的民俗文化色彩。窑神的形象源自春秋时期道家始祖——老子，相传老子擅长炼丹之术，炼丹需要用火加热，而煤为火之源，因此，老子被尊称为煤业的祖师，作为窑神为世人顶礼膜拜。但庙宇供奉的窑神形象，各地又不尽相同，一般脸部都为黑色，取意于煤是黑色，手执一串铜钱（或手执钢鞭），寓意窑神能保佑出煤换钱。据说自明代以后，这里就开始有祭祀窑神的习俗。

南街龙天庙

龙天庙，又名刘王祠，在明太原县城的南门外，庙旁旧有空王佛寺、观音堂等建筑。始建时间无考，正殿檩上有“大清光绪十九年仲春重建，经理监生崔泰昌，督修举人李禧”的墨迹题字。龙天庙坐南朝北，东西宽约32米，南北长约52米，占地面积为1664平方米，庙东另有小院，宽10米，长34米。龙天庙正面刘王殿，面宽3间（约12米），进深3间（约10米），上为硬山顶，前面廊柱上有斗拱、昂头。殿中有神像11尊，主像1尊、侍童像2尊、配像8尊，东西墙上绘有雷公、电母布雨图壁画。正殿两旁偏殿不对称，东殿宽12米，深8米，西殿祀阴间阎王，宽深各8米，两殿之前各有古柏1株。东、西厢房均面宽15米，进深6米，前面各有古槐1株。北面乐楼与西殿相对，宽约16米，深约10米，楼下中间开设庙门，悬“刘王祠”横匾。龙天庙的钟鼓楼与其他庙不同，两边均为悬钟，不设鼓，东楼为方形，边长8米；西楼比东楼略小，东西宽6米，南北长8米。

现龙天庙正殿内奉祀着汉文帝刘恒、汉景帝刘启、太尉周勃、丞相陈平及朱虚侯刘章。

龙天
功德箱

南街财神庙

财神庙位于明太原县城西南，其建筑风格属晚清时期，坐西朝东，南北宽15米，东西入深36米，占地面积540平方米。西面主殿面宽5间（15米），进深2间（5米），上为单檐悬山顶，前廊入深2米，有圆柱支撑。主殿之下空隙2米，如同民宅“分岔”一般。下为南北厢房，各面宽6间（18米），进深2间（5米）。厢房之下又空隙2米为东房，其式样类同西面正殿，只是高度略低，东北面开设大门。相传，太原县财神庙原为富豪大户宅院，建成之后屡屡有怪作祟，不能安然居住，宅主遂将厅院献于地方。因其是富甲云集的集会议事场所，且西厅供奉着“财神”，所以，被俗称为财神庙。

南街城隍庙

城隍庙，位于明太原县城东南。该庙坐北面南，占地面积约28000平方米，内置奶奶庙和梁公祠，始建于明代。旧时，“城隍神”作为县城的守护神，每年五月廿七的城隍庙会成为县城约定俗成的重大节日。传说，知县到任时，首先要前往城隍庙祭供和夜宿，然后才回县衙办公。城内县衙大门对应的一条巷子叫“上香道”，据说就是因知县到城隍庙敬香必经之路而得名的。

南街基督教神召会

位于南街朱家巷南的基督教神召会，《山西通志》载："耶稣教太原县福音堂，民国二年（1913年）有教士郝凤鸣一人，教民三十六人，由挪威教士达亚拿成立福音堂。民国九年（1920年）挪威人牧师聂尔德与信徒葛秉禄、郝凤鸣在县城租房三间建立'恩典福音堂'。"基督教神召会，是山西基督教宗派组织中的一支，是基督教五旬节教会所属的一支独立教派。

太原县城南街基督教神召会的建筑风格为中西结合式，是太原县城历史上基督教友活动的重要场所。

南街宝华阁

宝华阁，位于县城南关龙天庙前，始建于明代，为二层三重檐歇山顶全木结构楼阁。宝华阁基高约2米，中间留有南北方向可通行的通道，阁二层正面供奉弥勒佛，背面置倒坐千手观音。宝华阁中央上方及周围都挂有匾额，分别题有“钟灵”“德泽”和“皆空”。宝华阁亦称“寺楼”。

民间传说，宝华阁底层有一角的角檐柱为“悬柱”，天气晴朗时，能用一根马尾丝，从这根柱下与柱础石上的缝隙穿过，所以称之为“悬柱”；而柱下的柱础石为“阴石”，随着季节的变化，色泽也会发生变化，阴雨天，柱础石还会有流动的水迹，当地人形象地说“阴石出汗”。不仅如此，人们经常来这里抚摸这一木一石，借此观察天气的阴晴变化，这一柱一石又被人们称为“阴雨石，天晴柱”。相传，当年建宝华阁的木材和石材均取自县城的西山，而被用作宝华阁的“悬柱”“阴石”则是一对夫妻的化身。

北街关帝庙

关帝庙，又名关王庙、老爷庙，位于北街路西。据明嘉靖《太原县志》记载，可知该庙建于明代嘉靖之前。关帝庙坐西朝东，东西宽 36 米，南北长 110 米，总占地面积 3960 平方米，中轴线上依次有照壁、戏台、膳厅、正殿、春秋楼、三代阁。临街戏台面宽 11.6 米，进深 8.2 米，台下中间为正门，南北两面建有钟楼、鼓楼，二楼之下各设偏门，隔大街路东有绿琉璃团龙照壁。

抗日战争爆发后，太原县牺盟会特派员慕湘当时就住在关帝庙正殿之南小院中，他多次在这里的戏台上组织进步师生出演《放下你的鞭子》《松花江上》等节目，广泛开展抗日救亡活动，后又在此地发动群众斗争了贪污受贿的豪绅张守义（姚村人），组建起太原县第一支抗日游击队。著名小说《晋阳秋》就对太原县牺盟会抗日救亡活动进行了艺术性的描述。

北街天主堂

天主教传入太原县城的时间，大约是在民国八年至民国九年（1919—1920 年）。最初由教友家的女儿嫁到太原县城后，天主教才开始在太原县城传教。教会最初在南街租赁房屋作为传教场所，由方济格会助理修士牛文斌（今太原市小店区西柳林村人）传教。1931 年 6 月 15 日，罗马教廷将榆次由太原教区划出，新设立榆次监牧区。1932 年，富济才（意大利人）选定太原县为传教场所，任命彭毓止龄神父（意大利人）为首任本堂，至 1946 年彭毓止龄神父离任时，太原县教友已发展到数百人。但当时的天主教在太原县城并没有属于自己的教产。直到当时的太原府大财主教友郭氏（太原阳曲县人），将其在太原县城北衙的房产捐赠教会作为传教场所，天主教在太原县城的传教活动才开始形成常态化。我们现在看到的天主堂，两进四合院，基本就是历史上的模样。

明太原县城的民俗信仰

土地庙

土地庙在明太原县城非常普遍，可谓逢宅必有土地庙。土地庙又叫福德庙、伯公庙。传说，由于土地庙的神格不高，且多为民间信仰和崇拜，有“先有土地后有佛”之说，因而，土地庙分布广泛。到了明代，土地神逐渐向世俗化发展，民间祭祀土地神也渐渐盛行起来，逢宅必有土地庙，几乎成为流行。明太原县城内的土地祠多见于影壁中间，且繁简不一。

喜迎新春
萬象更新
兔歲欣開幸福花
虎年喜結豐收果
福

五道将军庙

建庙供奉五道将军，起源于汉魏时期，兴盛于唐宋，明清两代达到了普及的程度。太原县城内外的十字街、丁字路口有五道将军庙共 22 座。民间流传着关于太原县城内外五道将军庙的一首打油诗：“十四朝东五朝西，留下两个北风吹，还有一个朝南坐，没明没黑数马蹄”，比较形象地描述了明太原县城五道庙的大体数量和方位。民间相传，由于五道将军权大又正义，且能“坐镇十字口，保佑一方人”，所以深得世人喜爱。民间通过建庙祭祀这种形式，表达了百姓朴实的信仰与寄托。

五道廟
五道之位
正坐十字口
保佑四方人

明太原县城的民居及院落

　　明太原县城的民居院落大体分为普通住宅、民商混合住宅和官宅三种类型。院落平面结构布局以一进院、二进院、三进院及套院为主要布局形式，院内房屋平顶较多，正房少见出厦抱柱瓦房。其基本构成主要有：宅门、影壁、正房、厢房、耳房、倒座、净房、柴房、库房、偏院、轿院、花园和院墙等。

一进院

一进院是县城最为常见的民居院落，其建筑布局以三合院、四合院为主，由正房、倒座和厢房围合成一个独立的院落空间，住户为普通农户和耕读人家。

二进院

二进院是县城所占比例较大的民居院落，多为清代晚期的院落。结构布局对称，院落之间以垂花过门或仪门相连，院落间多辟偏门，住户多为富商和官宦人家。

三进院及套院

三进院及套院是县城内为数不多的民居院落，院落与院落之间结构布局复杂多变，除院落之间有过门相连，每个院落又各置大门与外界相通。三进院及套院为高墙大院，住户多为富商和官宦大族人家。

西街楼儿院

西街楼儿院为西街清代贡士王振新（曾做过陕西米脂知县）建的一处楼宇式三进院私宅，位于明太原县城西街靠近十字街路北，整座院落占地面积约1300平方米。正房为卷棚顶的阁楼，樨头雕刻有“福”字、松叶及瑞兽，木雕为镂空草龙图案。建筑布局简洁，建筑工艺考究。相传，贡士王振新，太原县西街王氏，久居京城，做银号生意而发迹，为能让爷爷王康及父母颐养天年，带着在京城设计好的宅院图纸回到太原县城，开始对王家旧宅进行修葺。原本西街楼儿院为三进院落，但王振新将主要精力放在尹公祠的修葺上，因其突发急病早逝，楼儿院修葺工作也仅仅完成了内院和前院过厅。中华人民共和国成立后，王氏后人曾在楼儿院居住。如今，历经沧桑的楼儿院，往日的繁华早已失去了踪迹。

北后街48号秦氏晋泉隆钱庄院

北后街 48 号秦氏晋泉隆钱庄院，由东街富甲秦氏家族兴建，两进院布局，占地面积约 886 平方米。正房砖砌台，明间外置单檐卷棚歇山顶抱厦，邻街为出厦抱柱门廊，辟两门。其中一门为典型的歇山式大门，大门最上端为正脊、正吻及垂脊，飞椽和椽子架设起房顶平面，上铺青瓦，房檐处做排水滴沟，兽面瓦当纹装饰，建筑等级较高。

东横街秦家大院

秦氏家族，在当时的太原县内称得上是富甲一方的大家族，不仅出租土地，还从事生意买卖，钱庄票号远达内蒙古等地。秦家大院坐西朝东，由四个大院及多个偏院组成，是明太原县城为数不多的串院，也是县城内占地面积最大的一处院落。整座院落由垛口女儿墙环绕，临街辟多门。各院均有过门、影壁，正房为单檐硬山顶，明间施卷棚顶抱柱廊，廊间施以彩绘。

南街道台府

南街道台府是县城内唯一的一处官宦宅院，是清末雁门道浙江姚氏卸任后所建的一处私宅，占地约4000平方米，为二进院。南街道台府的木雕、砖雕代表了一个时期官宦宅院的建筑水平。传说，浙江姚氏官至道台，清末姚道台携家眷，并带领山东刘氏、山西阳高杨氏及北京施氏来太原定居，在主宅院西侧建施氏医馆，东侧建刘氏、杨氏宅院，并与姚道台主宅相连。据城里的老人们讲述，南街道台府在建成后的一天，有六辆马车驮着十八桶银子由六个壮汉押送进了道台府。马车连夜返回，而六个壮汉却在二十天后才走出道台府。民间传说，他们是将十八桶银子埋在了道台府。历史上，也曾有人试图挖取这十八桶银，到后来都是竹篮打水一场空。道台府埋有十八桶银的传说，也就成为历史上的一个谜。

段氏旗杆院

位于县城东街中段路北 119 号的段氏旗杆院，是清代嘉庆二十二年（1817 年）丁丑科一等进士段程式的故居。

段程式（1756—1821），太原县东街人，清乾隆四十八年（1783 年）癸卯科副贡，清嘉庆五年（1800 年）庚申恩科乡试举人，清代嘉庆二十二年（1817 年）丁丑科一等进士；入进士后，分发浙江候补知县，殿试后即任河南知县；后因家母年高，恐失瞻依，告归养亲，道光元年（1821 年）病逝。

段程式的故居为何叫旗杆院？这还要从中国的科举制度说起。在我国封建社会，读书人考取“功名”被视为人生的头等大事，考取了“功名”就表明这个人已经出人头地了。在我国明清两代，“殿试”是科举制最高级别的考试，即由当朝皇帝或委派大臣在宫廷对会试录取的贡士亲自策问，以定三甲。而一旦入甲（即中进士），就意味着读书人功名的尽头。旗杆院是“中进士”人享有的特殊礼遇，即在居住地大门外竖一高约 10 米的斗子旗杆，大门门首悬挂“功名匾”，以示身份。所以，进士院也称旗杆院。

太原市历史建筑
街办乡村农耕文化保护工程征拆指挥部

南街大厅院

南街仓巷大厅院，为清代末年太古县中药店东家刘二贵的宅院，三进四合院落，院墙为有垛口的女儿墙，临街单坡卷棚顶大门。门内影壁为砖雕“百寿”图，二进门为龙头挑角，芽头滴水式，门枕石为雕有瑞兽的石鼓。过门两侧短墙为对称式砖雕花卉影壁。大厅院现存的三雕作品及宅院结构布局，足以说明宅院主人家境富足的程度。

右軍帖從懷仁集
興嗣文宣智永書

明太原县城宅院门钹

门钹，也称为门铺首，是用来叩门的响器，由门环和底座构成。明太原县城内宅院大门的门钹多为圆形、椭圆形和条带形。八瓣葵花形有多子多孙之寓意，所以，县城内宅院大门的门钹多以八瓣葵花形为主。该门钹中间凸起接门环，四周紧贴门板，并由八颗门钉将其固定在门板之上，由金属打造成形。县城内的北后街 8 号院、南街仓巷 25 号院、东横街 51 号院等宅院大门的门钹多为八瓣葵花形。明太原县城内宅院大门的门钹除了八瓣葵花形门钹以外，方形（条状）半圆形门钹的应用也比较广泛，如北后街 48 号院、西大街 59 号院、南街仓巷 2 号院等都应用了此种类型的门钹。在门钹中应用比较少的是兽头铺首门钹。这一类铺首门钹因只有七品以上官宦家才允许在家门加装兽头铺首门钹的礼治制约，因此县城内相对少见。北后街 6 号院门、东横街秦家院门钹呈兽首装都可以看出院中曾经出过官宦，很具有代表性。

明太原县城的宅院门

县城的宅院门在一定程度上表现出当时宅院主人的身份和地位。明代对宅院门的建造有严格的等级要求，规定："百官地宅，公侯，门三间，五架，用金漆及兽面锡环；三品至五品，门三间，三架，黑油，锡环；六品至九品，门一间，三架，黑门，铁环"。(《明史》卷68）到了清代，《大清会典》也对宅门做了严格的规定，使宅院门成为宅院主人社会地位和经济地位的重要标志。县城传统民居中宅院门的种类，大体分为屋宇式大门、随墙门、砖砌券拱门。

福星高照

砖砌券拱门

北后街 46 号院为比较典型的砖砌券拱门，其建筑特点有：院门为砖砌仿木结构，并雕刻有枋、檩、斗拱、垂柱及花纹装饰图案，整体风格为仿木结构式样。券拱门宽且高，表明当时宅院主人为大户人家。

历史建筑
ding of Taiyuan
6号民居

随墙门

东横街 51 号院、仓巷 21 号院、北后街 49 号院等为典型的随墙门式样。这类大门是一种依附于墙体，非自成独立建筑样式，实用性较强，装饰也非常简单，是明太原县城传统民居中比较普遍的一种宅门。

太原市历史建筑
Historic Building of Taiyuan
仓巷21号民居
太原市人民政府
居家理
福
吉星高照
福
合家歡樂通富貴
滿堂和順慶平安
如

屋宇式大门

县城的屋宇式大门，主要采用传统的古代建筑倒座结构形式构建，大门门楼由正脊、青瓦、排水滴沟、荷叶墩、斗拱、倒挂楣、柱身、柱础、门框、走马板、门板、门钹、门槛等组成。大门门道由门外侧影壁、门扉天花板及门道外侧台阶等组成。屋宇式大门形式主要有如意门、抱厦门和垂花门等几种形式。

如意门

南街仓巷 14 号院门，门顶为单坡歇山顶一斗一拱式结构，门道均包含了走马板、门板、门钹、门槛及踏跺等建筑元素，宅院主人为家境殷实的大户。

抱厦门

北后街 48 号院门，是等级较高的院门，大门主体结构相对复杂，为典型的歇山顶式屋宇大门。

垂花门

北街 22 号院门，为单坡檐结构，垂花柱雕刻花纹简洁，青石门枕石，雕刻有卧狮及吉祥纹饰。

明太原县城的“三雕”

砖雕、木雕及石雕（简称“三雕”）作品，主要用于民居、祠庙等建筑的装饰，以及家具、隔扇的工艺雕刻，具有浓厚的地方文化特色。从艺术的表现内容看，分为人物、动物和植物三类。借用人物、动物和植物，通过雕刻这一载体的形式，表达出人们的寓意、愿望。由于受历史和传统观念的局限，三雕作品多集中在厅门。门楼木雕主要分布在檐柱、枋头、门厅挂落、院内过门、大厅隔扇及门窗上。砖雕作品多集中在墀头和影壁，内容多为花鸟、植物和动物，也有为数不多的汉字图案。石雕作品多见于望柱、栏板、柱础及门挡石。三雕作品反映了明太原县城的经济和文化发展水平。

砖雕

县城砖雕作品主要应用于厅院的影壁、房屋樨头及门楼的装饰，对整座建筑、院落起着“点题”作用，凸显了宅户主人的身份和意趣爱好。砖雕主题有花卉、人物、鸟兽和吉祥文字，用料多为水磨青砖。

小西街32号院“百寿” 砖雕影壁

小西街 32 号“百寿”砖雕影壁，建筑时期为清代。在我国的传统文化中，人们普遍认为“寿”为万福之首，祈盼长寿就成为人们一种美好的愿望。小西街 32 号“百寿”砖雕影壁中心图案由 96 个形态各异的篆书阳刻“寿”字组成，两侧配行书阳刻对联，上联为：一门天性有乐祖孙父子兄弟，下联为：万事传家之宝礼乐诗书文章，并配有雕刻工艺繁复的梅、兰、竹、菊及如意图案，是县城内清代砖雕影壁的精品之作。

西街马氏院“福字”砖雕影壁

县城西街马氏院“福”字砖雕影壁，是县城内迄今为止保存相对完整的一块砖雕影壁，建筑时期为清代。砖雕影壁中心图案由一个单字阳刻行书“福”及“草龙纹”图案组成，两侧配行楷书阳刻对联，上联为：书到用时方恨少，下联为：事非经过不知难。四周配有雕刻工艺繁复的梅、兰、竹、菊、葡萄及如意图案，影壁额首匾为砖雕阳刻行楷“兰桂馨”。对于读书人来说，读书即是幸福。这款砖雕影壁给人以庄重、大气之感，整体造型和制作工艺复杂多变，砖雕内容有着强烈的文化气息，寄托了宅院主人的美好愿望，因此，该砖雕影壁，不失为县城内清代砖雕影壁的精品力作。

蘭桂馨
書到用時方恨少
事非經過不知難
福

北后街46号院“吉祥纹” 砖雕影壁

砖雕影壁中心造型为四边角带有蝙蝠的吉祥纹，中心为素面，下方开有土地祠孔洞，两侧为圆雕竹节、垂花柱，影壁帽上分三级砖雕，有寿、兰花及如意图案，保存相对完整，为清代建筑。

万事如意
福
一顺百顺事事顺

北后街49号院“龟背纹” 砖雕影壁

砖雕影壁造型为四边角雕刻有“卍”字纹图案，中心为龟背纹面，下方开有土地祠孔洞，两侧为圆雕竹节、垂花柱，并阳刻行楷对联一副，上联为：土沃青芹多美秀，下联为：垄灵丹桂有根珠；影壁帽上分三级砖雕，有石榴花、兰花及“卍”字纹图案；保存相对完整，为清代建筑。

木雕

县城的木雕作品，从表现形式分为镂空雕、浮雕、浅雕及圆雕。木雕作品多见于檐柱雀替、枋头和门庭挂落上，主题有卷草纹、人物、花鸟、瑞兽及文字。尽管木雕存世量很少，但其雕刻工艺的精美程度，也能够让后人体会到古人艺术审美和艺术表达的独具匠心。

窗棂和隔扇

县城的古建筑窗棂，大体分为长窗和半窗两种类型。长窗即厅堂隔扇，为六扇至八扇不等，上半部分为方形、菱形叠涩的“方胜纹”，下半部分为雕刻繁复的裙板。半窗运用最为广泛，图案以“方胜纹”“灯笼框”“五蝠捧寿”为主，除兼采光、通风实用功能外，也具有一些装饰性功能。县城的房屋窗棂主要便于通风和采光，以隔扇和窗扇居多，房屋窗棂形制由方形、长方形及菱形相叠组成“方胜”图案，寓意纳福吉祥。

石雕

石雕多见于勾栏、踏步、柱础、门窗框、门挡石及石狮的雕刻，雕刻的主题有花鸟、人物、山水、瑞兽等，青石石材比较普遍，而以砂石材料雕刻的主要有勾栏、踏步及门窗框，被普遍应用于寺观庙宇。

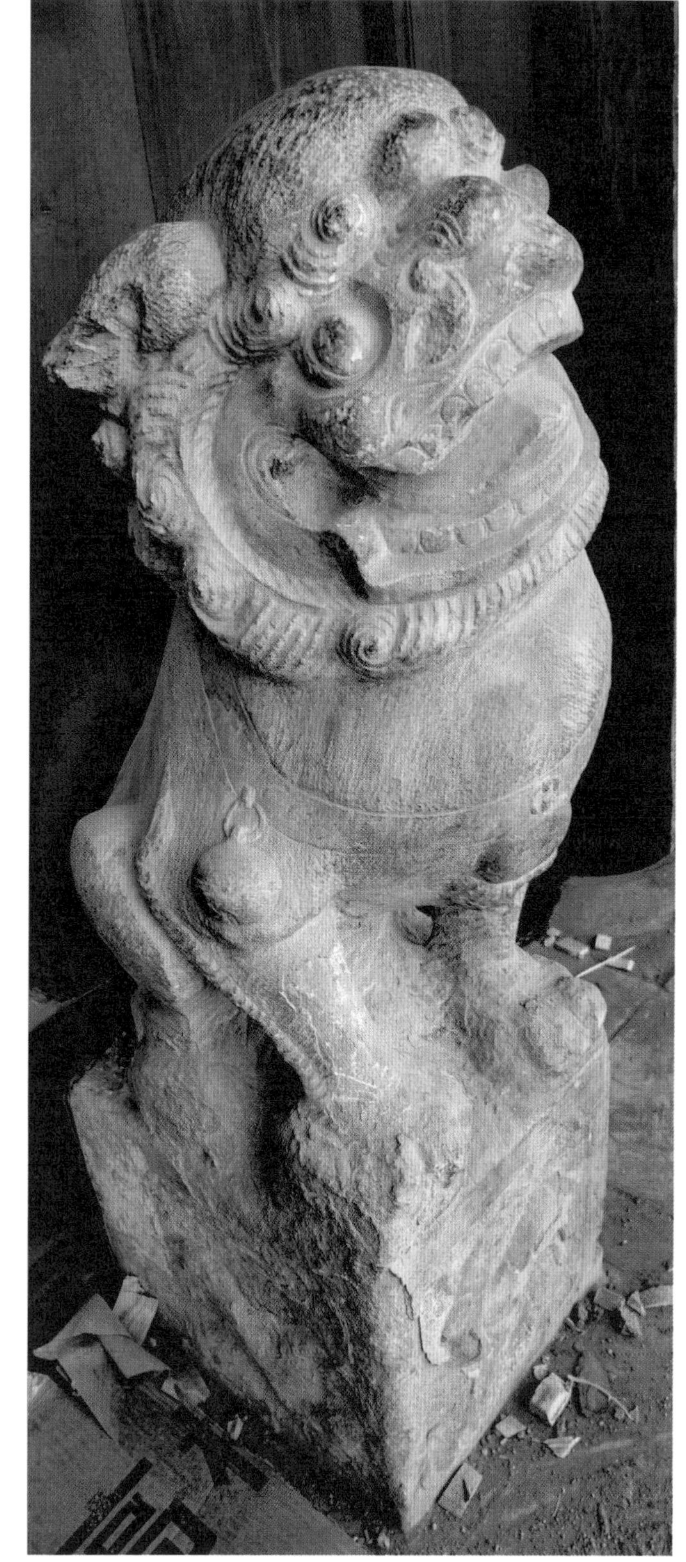

明太原县城的过街牌坊

历史上，明太原县城的东、西、南、北街，曾经矗立着13座蔚为壮观的过街牌坊。听上了年纪的老人们讲，13座牌坊中的8座牌坊，中华人民共和国成立初期依然存在，牌坊被毁的时间大约是在20世纪60年代末至70年代初。

我们从明嘉靖《太原县志》的县城图上不难看出，县城4条大街上确有13座牌坊。这13座牌坊具体分布如下：县城东街4座，分别为大司马坊、联芳坊及文庙东、西各1座；西街3座，分别为崇英坊、世显坊及刺史坊；南街4座，分别为地官坊、登科坊、继美坊及绣衣坊；北街2座，分别为褒显坊、大司空坊。

这对于一个面积仅有1平方千米的县城来说，汇集了如此数量的牌坊，也是让世人称奇的一件事情。

县城出现了如此多的牌坊，究竟是什么原因？不同形制的牌坊又寓意为何？通过近年来的研究发现，牌坊，作为中国古代建筑文化的符号之一，是封建社会为表彰功勋、科第、德政及忠孝节义所立的特色建筑物。在我国，牌坊滥觞于汉代石阙，成熟于唐宋时期，普及于明清两代，主要是用来旌表功德、标榜荣耀。牌坊从形式上分为两类：一类叫“柱出头”式，这类牌坊间楼高于明楼顶；另一类叫“柱不出头”式，顾名思义，这类牌坊的最高端是明楼的正脊。无论是哪一种类型，均有“一间二柱”“三间四柱”等形式，楼数则有一楼、三楼等形式。县城内牌坊的形式多为“一间二柱”“三间四柱”和一楼、三楼等形式。

音

明太原县城的门匾

我国传统民居的主要形式就是单门独院，有院就有门，有门就有匾。可以说，匾额是一个家族的脸面，一进门就能看出这个家庭的门第层次、道德修养、思想情感、处世哲学、精神寄托，以及对未来的追求。

匾额，又称“匾”或“额”，在我国的古建筑中，城垣、宫殿、厅、台、楼、阁、店铺及宅院应用广泛，形制多为横、竖两种。明太原县城的门额牌匾主要为门匾、照壁额首匾，匾额材料以木、砖、石为主，有御赐匾、寺观匾、商铺匾、署名匾、宗族匾等。门额牌匾种类繁多，内容多为兴家立业、道德修养、寄寓生活之句，具有典型的地域文化特性。

笈古居

城门匾

在明太原县城中，东门门匾为“观澜”，瓮城门匾为“东汾聚秀”；西门门匾为“望翠”，瓮城门匾为“西兑金汤”；南门门匾为“进贤”，瓮城门匾为“桐荫晋阳”；北门门匾为“奉宣”“德化”，瓮城门匾为“古原屏翰”。北门额书“古原屏翰”“奉宣”“德化”，寓意此地为北方屏障，依据于晋阳古城奉上级召宣之门，以德化民，是汉文帝刘恒治国纲领的缩写。东门“东汾聚秀”“观澜”，形容汾河秀丽，在城头高处可观赏滚滚而流的汾河景象。西门“西兑金汤”“望翠”，意为西山宝藏汇聚，满目青山翠绿。南门“桐荫晋阳”“进贤”，意为晋阳乃西周初年周成王桐封叔虞之地，后代子孙都享受王族权益，城里读书人多、人才辈出。

望翠

進賢

西光金湯

桐蔭晉陽

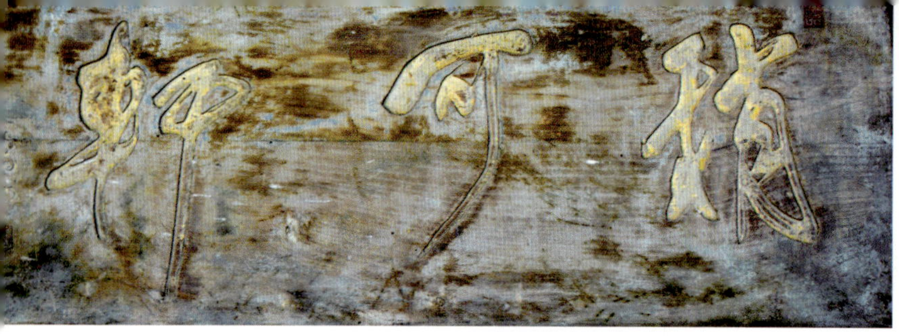

宅门匾

民居匾分布在明太原县城大街小巷的民宅老院，门匾的内容、书写及篆刻形制多元化，以清代和民国时期居多。书写者为帝王御笔、达官贵人及地方文化乡绅。位于县城东大街王琼府门木质匾“方岳重寄”，由明代嘉靖皇帝御笔钦书，烫金行书，是对王琼在朝为官“功于学，勤于政，忠于君”的最大褒奖。“青主访段处”由傅山高徒段綍（zhen）亲自篆刻，并悬挂于东大街自家门上。位于东大街 120 号院大门上方的木质匾“静远”，为清乾隆年间的翰林、官至巡台御史杨二酉题写，为县城民居匾一绝。位于东街“陈畏三故居”内的过门匾“浅静”，为明末清初思想家、书法家傅山题写。位于北街高郁文院的“懒云凭山”匾，为明代书法家高应元题写，成为县城民居匾中的靓丽风景。县城的民居匾多以弘扬忠、孝、礼、仁、和为核心，兼有彰显文化、教化大众、美化装饰的功能，具有鲜明的时代特征。

居家理
福
福

承啓第

五福臨門

德蘊

明太原县城的庙会及商业

明太原县城的庙会（也称集市），是由古代的宗庙社郊制度演化而来的。庙会会址源自寺庙，又由于小商小贩在庙址周边摆摊设点，逐渐成为“庙市”，庙会兼有诚信交往、文化沟通、信息传递及情感交流的功能，作为一种社会风俗被世代延续和传承。

太原县城内的“庙会”，从每年正月十五的“三官庙会”开始，到十月十一的“财神庙会”，几乎每月都有，所以有“月月会”之说。从清代末年至民国年间，旧历三月至十月的单日，县城北后街和北门外还有粮食、蔬菜瓜果交易集市及8个新年集市。历史上的县城内及城外关，商业店铺200余家，直到20世纪40年代，县城内作坊店铺多达160余家，南关、西关车马旅店40余座，经营种类五花八门，一派繁荣景象。

明太原县城商业因受小农经济的制约和影响，传统的材料加工、酿造、作坊式手工业产品生产销售成为商业活动的主流。

随着集市贸易市场规模的不断发展壮大，商业模式也在悄然发生变化。除了店铺、字号固定的经营活动外，游商小贩的游走买卖，也为县城经济的繁荣增添了色彩。

龍天廟
二十四孝道 龙天民俗文化廟

悦丰恒的掌柜们

CHANGAN
晋A B7195

历史名人

王琼

明太原县城曾走出过一位名贯古今的著名人物，他就是被誉为“明代三重臣”之一的王琼。城内东大街路南王琼故居，今尚存东偏院，内有东房5间、北厢房3间及门楼，虽已残破，却亦能看出昔日的宏伟和气派。

王琼（1459—1532），为世居太原县的“太原王氏”后裔，其祖先居蚕石村（今属太原市晋源区姚村镇），后迁河东刘家堡，明初又在县城东街起建新宅。王琼的祖父王安生有二子，长子永寿官至南京工部尚书；次子永亨即琼之父，曾为隆庆知府。王琼幼时有“神童”之称，4岁能楷书，8岁能《尚书》。王琼22岁乡试中举，26岁殿试中二甲第二名进士，从六品工部屯田主事小官一直做到户部、兵部和吏部尚书，历经成化、弘治、正德、嘉靖四朝。他治理漕河，平定宁王叛乱，政绩卓著。正德十年至十五年（1515—1520年）短短5年中，他连进三孤（少保、少傅、少师）、三辅（太子太保、太子太傅、太子太师），为明代历史上极所罕见。王琼一生钻研经史，洞察世情，反对空谈，务求实用。他十分重视总结实践经验，给后人留下许多宝贵遗产，著有《漕河图志》《西番事迹》《北虏事迹》《双溪杂记》等书，后人将其奏议编成《户部奏议》《晋溪奏议》《三边奏议》3本书。王琼对故籍太原县有许多建树，除曾数次修葺太原县城墙和文庙之外，还劝率官民在风峪沟外修筑500余丈长的“锢龙堰”，旨在防洪。其死后还留遗命，将晋祠的别墅“晋溪园”改为书院，以供王氏家族子弟和本县学子入院攻读。

高汝行

高汝行（1493—1570），字修古，号东庄，明太原县东庄人（今太原市晋祠人），明朝正德十四年（1519 年）中举人，明朝正德十六年（1521 年）中进士，任户部江西清吏司主事，承德郎；后转为户部员外郎、迁郎中，督理淮扬漕运。高汝行为官期间忠于职守、革除积弊、政绩显著，受到明嘉靖皇帝的器重，再次升任南直隶庐州（今安徽省合肥市）知府。高汝行在庐州为官期间振兴文运、课农讲学、平反冤狱的系列举措，深入人心，因此受到庐州百姓敬仰。明嘉靖十年（1531 年），因家母去世，高汝行辞官回乡丁忧。明嘉靖十三年（1534 年），守服期满，擢任浙江按察司副使。当时浙江温州、处州一带倭寇猖獗，社会治安状况混乱。高汝行到任后，洁身自好，整顿兵纪，筹集钱粮，强化海防建设，使当地社会风气明显好转，倭寇闻风而逃。明嘉靖十六年（1537 年），高汝行 45 岁时，因被诬陷，卸任回乡。

卸任回乡后的高汝行，以孝事老父为乐。其父病故后，高汝行在守制期间顿生编修县志之意，用 6 年的时间阅览文献典籍，抄碑录碣，民间访问，独立创修了《太原县志》，为后人留下了珍贵的文化遗产。

卸任 30 多年，他还热衷于太原县城及晋祠的修葺事业，为家乡建设呕心沥血。明隆庆四年（1570 年），77 岁的高汝行因病去世。

太原縣志 一冊
卷一 星野 沿革
卷二 城垣 山川 水利 學校
太原縣志 二冊
太原縣志 三冊
太原縣志 四冊
卷十四 藝文
太原縣志 五冊
太原縣志 六冊
續太原縣志 上冊
續太原縣志 下冊

阎若璩

阎若璩（1636—1704），字百诗，号潜丘，太原县西寨村人。阎若璩出生于名门望族，元朝初年，家族从山西祁县迁徙到太原县西寨村。

阎若璩的七世祖为盐商阎居闾，因从事淮盐生意，举家侨居山阳（今江苏省淮安）；祖父阎世科，字伯登，为明万历年甲辰科进士，官至辽东宁前兵备；父阎修龄，号牛叟，以诗章闻名。

阎氏虽然侨居在外，但逢乡试，总是让子孙回故乡太原县应试。

阎若璩号为潜丘，据说也是因家乡之南有“潜丘”而起。少年时的阎若璩“读书千遍不能熟”，表现并无过人之处，15岁时茅塞顿开，常以“一物不知，以为深耻；遭人而问，少百暇日”自勉。清康熙元年至康熙十一年（1662—1672年），阎若璩4次太原县应试都没有中第，仅仅是在其28岁那年中了一个廪生的功名。清康熙十七年（1678年），其参加“博学鸿词科”，再次名落孙山。5次应试不第的经历，并未影响他潜心治学的决心。乡试间隙，他多次到太原松庄拜会傅山，探讨学问，与傅山感情笃厚，对傅山《日知录》提出过许多建设性意见，深得傅山的肯定。

在研究学问及治学态度上，阎若璩十分严谨，从来不拘泥古人，遇有疑问时，总能进行深入思考，查阅相关资料，力求证据确凿、精准无误。他在20岁的时候，对《尚书》中的25篇提出疑问，后经近30年的研究考证，写成《尚书古文疏证》8卷，得出《尚书》是魏晋伪作的结论，纠正了经学史上1000余年的谬误。当时，任清代翰林院检讨、清代学者、文学家毛奇龄，撰写了《古文尚书冤词》8卷，驳斥阎若璩的论点，但终不能成其说。清代名儒黄宗羲看了阎若璩的《尚书古文疏证》前4卷时，赞赏道："一生疑团，见之尽破矣"，并亲自为其作序。梁启超读后说："阎若璩之所以伟大，在其《尚书古文疏证》也。"

清康熙二十九年（1690年），内阁学士、刑部尚书徐乾学奉旨修纂《清一统志》，特邀阎若璩和顾祖禹参与编修。在此之后，阎若璩与著名史学家万斯同协助徐乾学编纂《资治通鉴后编》184卷。

清康熙四十三年（1704年），皇四子雍亲王胤禛（即清雍正皇帝）邀请阎若璩进府，免其跪拜之礼，并亲自相迎执手赐座，礼遇之高，后人望尘莫及。当阎若璩将其所著之书呈与胤禛，胤禛观后"无不称善"。不久，阎若璩病倒，胤禛便派御医为其医治，阎若璩病逝于京城，胤禛遣官经纪其丧，并作挽诗及祭文，赞其"读书等身，一字无假；积轴盈箱，日程月课；孔思周情，旨大言深"。

阎若璩一生著述除《尚书古文疏证》外，还有《四书释地》《校订困学纪闻三笺》《潜丘札记》《眷西堂集》等。《四库全书》总纂官纪晓岚说："百年以来，自顾炎武以外，罕能与之抗衡者。"江藩《汉学师承记》则称阎若璩为"清代汉学家第一"。足见阎若璩的社会影响及世人对其"开一代考据之风的先行者"的认可。

杨二酉

杨二酉（1705—1780），字学山，号梅翁，清代太原县晋祠南堡人。杨二酉出生于富贵家庭，其祖先于明洪武七年（1374 年）由宁夏徙居太原县张村，明嘉靖三十九年（1560 年）迁居晋祠南堡。清乾隆元年（1736 年），杨二酉通过殿试，就任翰林院修编，并担任《明史钞》《文献通考纪要》纂修官。清乾隆三年（1738 年），奉旨撰写《日知荟说》。

清乾隆三年（1738 年）六月，杨二酉升任贵州道监察御史，七月巡视应天府乡试外场，十月奉旨巡视南城，同月再次晋升山西道监察御史，十一月受命巡视台湾兼理学政，可谓“一年六迁”。

清乾隆四年(1739 年)初，杨二酉升任监察御史，并以当朝钦差大臣的身份赶赴台湾就任。赴台期间，杨二酉采取了一系列有利于台湾社会发展及稳定的举措：提请闽粤人一起考试，消除地方隔阂；请建“海东书院”，促进台湾文化事业的发展；减免台湾多年所欠税款，体恤民间疾苦；坚持丁兵三年从内地更换制度，以防兵骄扰民；实行保甲法，稳定社会治安；弹劾台湾总兵章隆纵兵焚毁民房；保证台湾农民的生活和顺利垦荒。杨二酉治台有方，政通人和，深受台湾民众的拥戴。

清乾隆七年（1742 年），杨二酉改任工科给事中，充文武殿试执事官。清乾隆八年（1743 年），杨二酉转任兵科给事中，奉旨入京赈济灾民。清乾隆十五年（1750 年），杨二酉奉旨巡视济宁漕务。

清乾隆十六年（1751 年），杨二酉被人弹劾，以“诖误夺职”罢官回乡。

回乡后的杨二酉，每日“闭门思过”，一度“心灰意冷”。清乾隆二十三年（1758 年），军机大臣、刑部尚书刘统勋奉旨山西查案，在游览晋祠的过程中，专程登门拜访了杨二酉，劝其不要消沉，应“豁达大度，寄情家乡山水”。自此后，杨二酉开始对家乡山水和人文表现出极大热情，将扩建文昌宫、重修七贤祠、柏月山一房等行动付诸实施。

杨二酉极善书法，在朝为官时就有“工书入直，每进一帙，辄拜文绮笺联之赐”的美誉。回乡后的杨二酉，把对家乡山水和人文之情，寄语笔端，为后人留下了许多脍炙人口的匾额佳作。晋祠的三块名匾之一“水镜台”，就出自杨二酉之手。

刘大鹏

刘大鹏（1857—1942），字友凤，号卧虎山人，别号梦醒子，今太原市晋源区赤桥村人。刘大鹏出生于家境殷富的家庭，9 岁便进入私塾，21 岁中秀才，25 岁入太原府崇修书院读书。清光绪十二年（1886 年），他在太原县太谷南席村票商武佑卿家担任塾师近 20 年。

清光绪二十年（1894 年），37 岁的刘大鹏中甲午科举人，在此之后，他数次进京参加会试未果。清光绪二十四年（1898 年）会试时，他参与康有为、梁启超“公车上书”的百日维新运动。

清光绪三十四年（1908 年），山西省谘议局成立，刘大鹏被太原县推举为省谘议局议员。民国三年（1914 年），刘大鹏回乡任太原县立小学校长，并担任太原县议会议长；民国五年（1916 年），任太原县教育会副会长；民国六年（1917 年），任太原县公款局经理；民国十年（1921 年），任太原县南峪煤矿经理；民国十八年（1929 年），任太原县书局纂修；民国二十一年（1932 年），任太原县保存古迹古物委员会特别委员；民国二十三年（1934

年），任太原县文献委员会委员长；民国二十六年（1937年），任修理太原县天龙山圣寿寺经理。

刘大鹏长期在农村生活，躬亲农事，当目睹了民间百姓生活之苦后，遂对政府专制下的贪官污吏及腐败现象产生不满，曾以"鲍伯坪"（"抱不平"）上书国民政府，促使国民政府转饬山西省署，豁免了一些苛捐杂税。

刘大鹏在担任太原县立小学校长期间，积极倡导妇女解放运动，成立了太原县女子学校。在担任太原县保存古迹古物委员会特别委员期间，他主持修葺太原县晋祠殿宇、道路及水利工程，并为晋祠留下了大量的诗词联句。

刘大鹏博览群书，寻幽访古，先后著作了《晋祠志》42卷、《重修晋祠杂记》2卷、《晋水志》13卷、《卧虎山房诗集》35卷等，为后人学习和研究区域文化树立了典范。《退想斋日记》是刘大鹏在数十年间耳闻目睹了当地农村社会的状况后编纂的史志力作，为研究和编纂地方史提供了较为翔实的第一手资料。民国三十一年（1942年），刘大鹏病逝。

胡瀛

胡瀛（1866—1935），字海峰，太原县晋祠北堡人。清光绪八年（1882 年），胡瀛参加科考，受到山西学政王可庄赏识，取拔为第一名。清光绪十年（1884 年），山西巡抚张之洞筹建的令德堂书院落成，胡瀛以山西省高才生的身份入选进入令德堂书院深造。清光绪二十八年（1902 年），胡瀛以“异等优行稟贡”出任山西闻喜县教谕。清光绪三十一年（1905 年），山西大学堂创立不久，山西学政宝熙调胡瀛为中学斋教授。清光绪三十三年（1907 年），胡瀛改任代州（今山西代县）学政，复兴代州斗山中学堂。清宣统三年（1911 年），胡瀛到山西农业专科学堂任学监。民国八年（1919 年），山西省立国民师范学校创办，胡瀛受邀到校，在山西国民师范学校 10 年，任训导主任兼讲古汉文。民国十七年（1928 年），其因年事已高，辞职回乡。

胡瀛一生从事教育事业，退归家乡后，继续从事汉学著作整理，他撰著的《碧玉轩藏稿》12 卷，为后人研究训诂之学打下了良好基础。

碧玉軒藏檔

陈畏三

陈畏三（1867—1941），字寅庵，15 岁参加童子考试，即被录为“博子弟子员”（秀才），享有地方政府发给的廪膳补贴，也称之为“廪生”。其由于家境贫寒，遂去祁县教书，养家糊口，维持生计。清光绪二十年（1894 年），其赴省城贡院参加甲午科乡试，民国六年（1917 年），经太原县举人刘大鹏（现太原市晋源区赤桥村人）举荐，继任太原县第一次清查财政所长。

陈畏三作为太原县的一位名士，一生简补勤劳，品行公正，热衷公益。因擅长书法，求其写碑匾的乡邻很多，陈畏三都是有求必应，就是到了 66 岁的年龄，还多次亲登太原县天龙山，并参与制定《太原县古迹古物保存规划》。

生活中的陈畏三，已经是太原县家喻户晓的地方名士，但始终坚持从俭持家，平易近人。据他的后人讲，有一次他去祁县造访渠家，到了渠家请门差通报，差人一看他衣着简朴且孤身一人，随口便问：“你是木匝（匠），还是银匝（匠）？”他笑着回答：“是个裁缝。”差人如实回禀了主人。渠家的主人听到差人的禀报，吃惊地呵斥道：“什么裁缝！是先生来了。”渠家的主人见到陈畏三后，当场致以歉意。

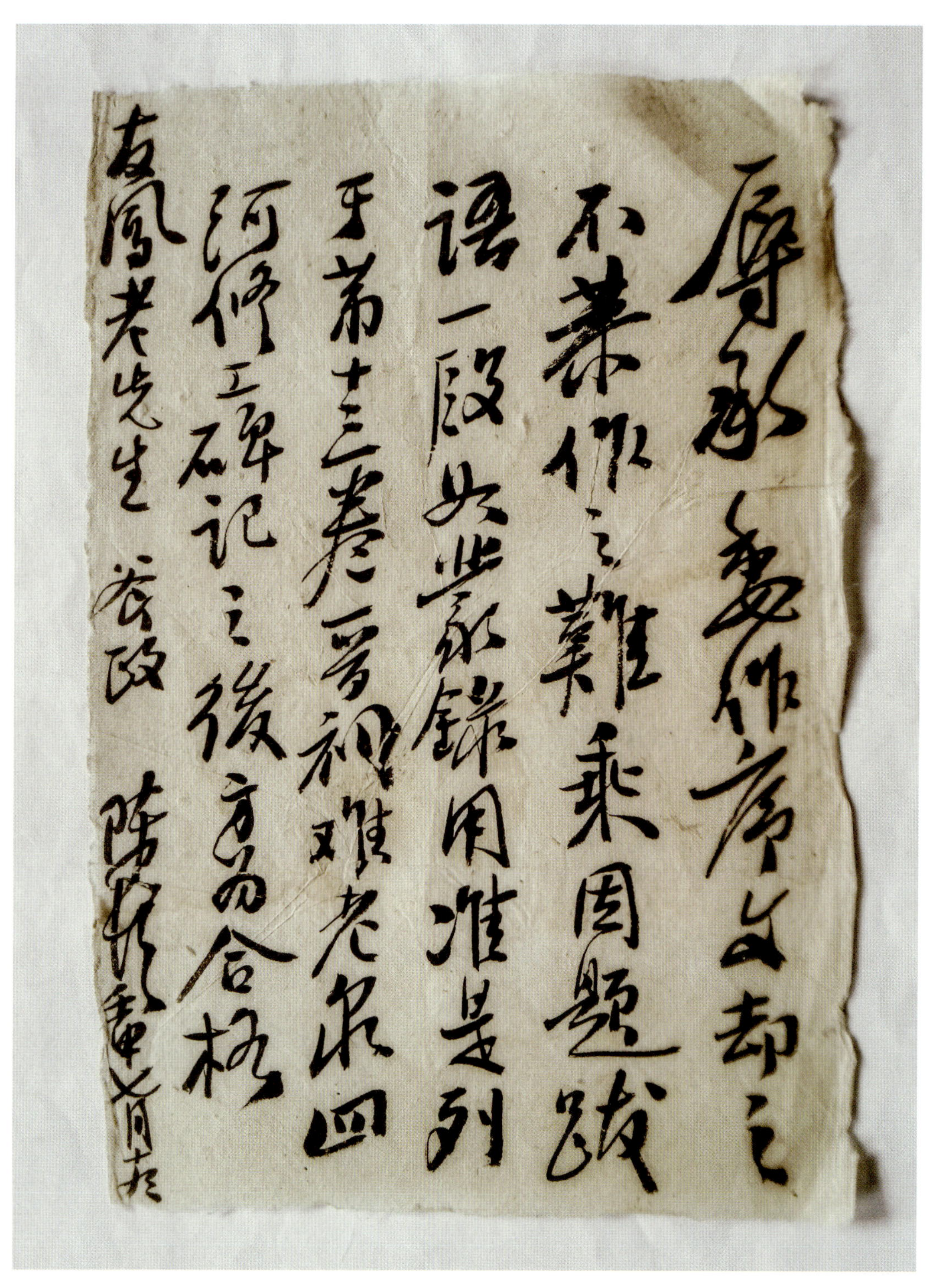

厚承委作序文却之
不恭作之難乘因題跋
語一段與世縣錄用准是列
手第十三卷晉祠難老泉四
河修工碑記之後方為合格
友鳳老先生 裁政 陳

陈畏三临终前手书遗嘱“一世贫穷无嗜好，把书鬻与他人为不孝”，以诫子孙。陈畏三一生简朴勤劳，耿直无私，平易近人，深得太原县百姓的爱戴。

段綷

段綷，生年不详，卒于1951年，字叔玉，太原县诸生。《太原县志》称其“博通经史，潜心古学”“尤善镌刻”。康熙十三年（1674年），段綷在太原县晋祠刻石时结识了傅眉（傅山之子），后拜师于傅山门下，并努力研习傅山父子的书法，深得傅山推崇。段綷工楷书，尤善镌刻，当时的阳曲县令戴梦熊曾专门写信给段綷，敦请段綷钩摹补刻《宝贤堂帖》。段綷主持补刻《宝贤堂帖》后，不辞辛苦，认真摹刻，使《宝贤堂帖》顿复旧观。傅山的书法凡有佳札，也多为段綷亲手镌刻。傅山对段綷的摹刻技艺也十分赞许：“书生段綷，聪慧人也。偶来揭帖，安详连犿，日益精进。即此喻之，亦学问事，不可以技观也……”（《傅山全书》）

清康熙二十二年（1683年），段綷的父亲去世，段綷从典史任上回到家中，在亲朋好友的资助下，用了2年时间，将傅山得意书迹钩摹镌刻于石上，即流传于世的《太原段帖》。《太原段帖》共计4卷，26帧。

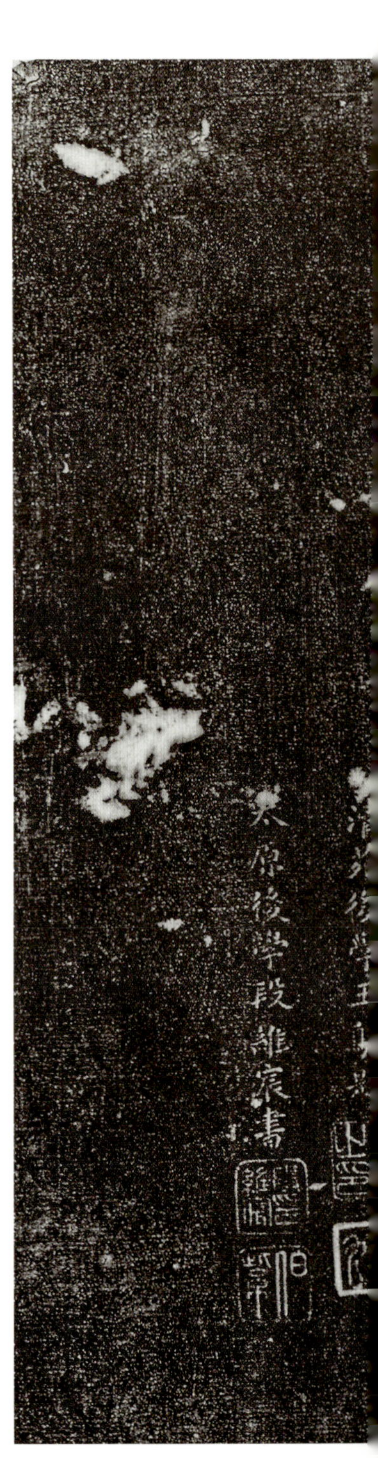

序

於乎[illegible]有[illegible]公仕先生[illegible]其書[illegible]文名
於[illegible]未[illegible]解[illegible]以[illegible]好之善常以不得進先生之門為恨者
[illegible]十[illegible]交[illegible]以[illegible]得[illegible]於先生先生之門有[illegible]
又生[illegible]得[illegible]道[illegible]其先生各體書手自勒石將以諸天下[illegible]
示[illegible]余[illegible]學書雖不成然嘗有志於斯之見於先生矣曰先生之
以書名天下非先生志也先生尸視天下久矣何私於書且[illegible]
生逃名者也而猶韋[illegible]賊天下是落外也豈先生[illegible]
聞書何為者曰有書之書有不書之書先生不書之書也何水
洞滑山林宵寞伯牙之琴也不待撫桐操絲而知其天也登高
山巔危石臨百仞之淵伯昏之射也不待破的貫革而知其善
也先生之於書也亦若是則吾以先生之學無所不關其中之
所得杳然難測至其緒餘之[illegible]則乎尹其采均將其光先生亦
不得秘焉頃者道[illegible]徒隱屏跡丘園山靜日長無所事事不過
借毫片楮以陶寫性情銷磨歲月耳乃其高風亮節奇懷偉
抱出塵拔俗之標逸奇[illegible]拔之韻自有露之筆端透之紙背不
求于而工不期善而善者故其楷端凝則[illegible]峙淵停也其隸
同今變則鵬翻鳶沒也其神妙草筆則松竹之表秀于雲其逸
氣之揚則雲鶴之騰天上漢也若其規矩從之疾徐應手如工
倕之指與物化庖丁之官止神行無法不該無美不具則學者
拔卷[illegible]然無俟更仆矣雖然為諸一紙之貴三[illegible]亞於天下[illegible]
不[illegible]其生書者亦[illegible]先生書者其故可思也不然以書
名天下先生豈相知之人耶

糍粑

明太原县城的饮食文化

县城的饮食文化，传承了我国中原饮食文化的饮食习惯，主要以面食为主。特色饮食主要有羊肉粞汤、糍粑糕、猪血灌肠、桂花元宵。宴席用的“八碟八碗”及什锦火锅是招待宾客的传统食品，而祭祀用的晋阳花馍有着强烈的地域文化特色。

刀削面

刀削面的历史源自元代。民间传说，蒙古鞑靼侵入中原，为防“汉人”造反，将各户金属全部收缴，并规定十户轮流使用一把厨刀。在民间，有一长者街拾一个铁片，拿回家后用铁片试着削面，结果，经铁片削过的面，呈柳叶状，出锅时内虚、外筋，深受人们的喜爱，由此一传十，十传百，传播开来。刀削面因此也就成了百姓饮食的首选，成为太原面食里的当家招牌。

灌肠

灌肠是用荞麦面制作的一种食品，具体做法是：将荞麦面拌入少量猪血揉匀，揉至出面筋后逐渐加水成糊状，再加入杂料，置入碗中或碟中上笼蒸熟，凉拌热炒均可。旧时，太原县家家户户都会做，待客就有“十碗九灌肠，一碗尽灌肠”的习俗（把灌肠作为垫底食品，意在怕客人吃不饱）。因为荞麦灌肠具有医用、养生之功效，所以，荞麦灌肠待客习俗也被传承了下来。

馏米

馏米选用江米、黄软米，经三五天清水的浸泡，与事先煮好的红枣分层装入坩盔中蒸熟即可食用。馏米的历史据说可追溯到春秋时期。

元宵

元宵是太原县城的传统食品，制作过程十分烦琐，需要十几道工序，且全为手工操作。每年的正月十五，凡种水稻的人家都要滚制元宵，赠送亲朋好友。太原县城西街“两合公”、东街“裕美公”都是有百年传承的元宵老店。

糍粑

糍粑（又名糍粑糕），精选江米洗后放入笼中蒸至八成熟时出笼，用手捏成片，包上糖馅团，做片或圆球状，下油锅煎炸。煎炸好的糍粑蘸糖而食，是城里人招待客人的一道名吃食品，表达对客人的敬重之意。

年糕

年糕用糜子面、江米面制作的传统食品，每到过年过节，城里家家户户必做的一道食品。“糕”有“高”的寓意，吃年糕也寓意着步步高升。做糕、吃糕和相互送糕成为一种糕文化习俗，世代相传。

牺汤

牺汤的历史可以追溯到周代。在古时候，人们把因祭祀而宰杀的“三牲”称为“牺牲”。北齐后，由于少数民族拥入晋阳，带来大量的羊及饲养技术，羊作为祭祀用品被广为应用。太原地区则把祭祀后的羊肉、骨、头、蹄及五脏（即“全羊汤”）熬煮成的汤称为牺汤。牺汤因有补阴止泻之功用，加之太原气候的原因，因此，太原“喝牺汤”就成为历史传承下的一道美食。

八碟八碗

八碟八碗是招待宾客、婚丧嫁娶时食用的一道高级宴席食品。旧时，宴席用“八仙桌”，宾、主及陪客坐的位置也很讲究，食材荤素搭配及色、香、味和摆放位置就更为讲究。八碟为凉菜：猪头肉、皮冻、肉肠、猪肝、绿豆芽、酸菜、石花菜、豆腐干；八碗为热菜：红烧肉墩、烧肉条、丸子、喇嘛肉、灌肠、芒菜（海米、白菜）、粉条、藕根。八碟八碗在旧时宴席上占有重要地位。

花馍

县城的花馍为祭祀用食品，俗称“供献献”，具体做法是：选用上好的小麦粉经发酵、精揉，然后彩绘，制作成枣山、花鸟等形状，上笼蒸熟，逢年过节摆放在供桌、神台上，祈求五谷丰登、风调雨顺、平安吉祥。

饺子

饺子，又称饺饵、扁食，已有1800多年的历史，三国时期魏人张揖《广雅》就对饺子有明确记载。旧时，吃饺子一般在过年，称为“岁饺”，正月初五吃饺子为“破五送穷饺”。饺子有荤、素两种馅，荤馅饺子寓意“团团圆圆”；素馅饺子寓意“素净”。太原人每当春节包饺子时，都要将饺子包成元宝状，寓意“捞财”。民间有：“舒服不如倒着，好吃不如饺子”，足见人们对吃饺子喜爱的程度。

火锅

火锅是招待宾客、合家团聚必上的一道食品，分为铜质火锅和砂质火锅两种。具体做法是：把白菜、油炸土豆、油炸豆腐、灌肠、丸子、粉条、海带、烧肉片、海米等已七八成熟的食材，从火锅底层有序码好，加入调味材料，放入少量高汤（蒸煮过肉的汤汁），将木炭烧红放入火锅炉膛内，锅内食材炖至全熟即可食用。吃火锅的历史据说春秋战国时期就有了。

明太原县城的社火及小戏

明太原县城的社火历史由来已久，始至远古人们对土地与火的崇拜。随着时代的变迁，社火逐渐演变为民间的一种表演艺术形式。县城的社火表演形式大体为：锣鼓类，秧歌类，民间吹打类，舞龙灯，风火流星，车、船、轿类，阁、跷类，灯火类和武技类等。小戏以山西梆子为主要戏种，以舞台剧和民间票社形式出现。清代光绪年间（1875—1908年），由北街马仲秋创办的晋剧票儿班“聚文会”，对晋剧板式、曲牌、锣鼓经及唱腔等进行了深入研究，培养了一批术有专攻的晋剧演员，在晋剧界产生了一定影响。

太原县城“聚文会”及晋剧票友

太原县城北街“聚文会”，是太原县境内唯一的一所由北街人马仲秋个人创办的山西梆子戏曲交流场所。“聚文会”在山西梆子的板式曲牌、唱腔等传承的基础上，加入了新的戏曲元素，催生出许多山西梆子戏曲的名家。“聚文会”这一戏曲交流场所，被后人称为太原县城晋剧票友的“摇篮”。

太原县城的社火

县城的民间“社火”历史，应该说早于明太原县城的建城史。在古代，祭土地的组织即为“社”，而在祭祀中的祭仪俗称“社火”。南宋《上元纪吴中节物俳谐体三十二韵》载：“民间鼓乐谓之社火，不可悉记，大抵以滑稽取笑。”由此可见，“社火”即是在节日里扮演的各种杂戏的统称。县城的民间“社火”多集中在春节和元宵节期间，以抬铁棍（又叫“抬阁”）、背棍、踩高跷、舞龙灯、舞狮、划旱船、二鬼摔跤、刘三推车、风火流星等为主要表演形式。

县城南街“老架火”

二月初二，南街人搭起一个高约 10 米，共 12 层的焰火架台。架台为 12 层，代表农历的 12 个月。架子按古典建筑牌楼形式设计，如果是闰年，“老架火”就摆 13 层。据当地人讲，二月二南街焰火起源于明代，距今已有 600 多年的历史。民间传闻，汉文帝刘恒 8 岁起在晋阳任代王，即位后仍不忘晋阳百姓，赏民赐爵、分封土地、免去赋税。晋阳百姓对汉文帝十分感激，渐渐将汉文帝刘恒神化，并修建刘王祠，纪念代王刘恒。明代，古人复建太原县城，重修龙天庙，刘王祠成为龙天庙的主殿，百姓视刘恒为天子与龙的化身。每年农历二月初二，传说是苍龙上天的日子，县城南街村便进行祭祀神龙活动，燃放焰火，祈求风调雨顺、国泰民安。

传统焰火工艺复杂，且多以口头传承，近年来南街焰火的规模逐渐变小。2009 年 6 月，二月二南街焰火习俗入选山西省级非物质文化遗产名录，它同时也是太原市第三批申请“国家级非物质文化遗产”的 13 个项目之一。

农历七月抬诸神

旧时，太原县一带，有农历七月抬诸神像出游之旧例。届时，众百姓持旗伞、奏鼓乐，随神像肩舆之后，浩浩荡荡，热闹非凡。这种大型迎神活动的中心是龙天庙，据说是起自明朝洪武年，止于抗日战争时期，历时 500 余年。

迎神活动于七月初三下午试行演习，名为“压铁棍”。七月初四午时，众人齐至龙天庙前，经南城角、小站、小站营、赤桥，至晋祠堡，入北门，出南门，然后返回晋祠庙圣母殿，抬着圣母出行像出北门，经赤桥、南城角，至县城西关。其时已近黄昏，神舆、铁棍皆通明张灯，又从西门至十字街中央，然后出南门，迎送圣母于龙天庙中，安神礼毕乃散。次日（初五）午时，仍从龙天庙出发进城，穿街过巷至县署领赏，然后往返西门外、北门外。日落时出东门至河神庙，迎请十八尊龙王（俗称“十八层龙王”，《晋祠志》作十七尊）回龙天庙。此即为太原县有名的“七月初五抬铁棍”。

七月初七为龙天庙岁祭之日。届时，焚香燃炮、

上供演剧。相传太原县城隍爷是晋祠圣母的外孙，迎请圣母时也随铁棍等至晋祠请唤外婆，这一天还要陪外婆一同看戏、享祭。七月十一为县北古城营村九龙庙庙会正日，前一天全村百姓齐至县城龙天庙，恭迎晋祠圣母偕十八尊龙王回九龙庙。圣母像进庙门时必须脊背先进，否则轿杆立断或者抬轿人肚疼。民间传说，晋祠圣母与九龙庙中奶奶是姐妹，小妹幼时好吃懒做，姐姐气得说："你将来若成气候，我头朝后见你。"七月十一姐妹相会，圣母像背面而进，正喻姐姐圣母当初夸口太大，不好意思与妹妹见面之意。七月十四，众百姓恭送圣母归晋祠，送十八尊龙王至风峪沟龙王庙（俗名"龙王头"）。十八尊龙王在太原县河东、河西轮流享受民间香火。每年五月初一，河东三贤村至龙王头请回龙王，其后又转至辛村，六月廿八恭送回县城东门外河神庙，七月初五再抬，周而复始。现龙天庙所有建筑除正殿之外均毁废无存，据说庙旁井边地下还埋着数块石碑。

县城风火流星

县城东街人韩荣华（1895—1971），家中排行老三，人称韩楞三师傅。韩荣华早年师承形意拳名家李发春，几十年如一日，武德高尚，颇受人们的尊重。他既是太原县城形意拳的传承人，也是太原县城风火流星技艺的创始人。

据说，早年间，韩荣华逢年过节，总是将太原县的一帮好朋友请到祁县温曲村探讨武学，并参与正月里的社火活动。当年风火流星活动是祁县温曲村逢年过节里必不可少的社火活动，韩荣华师傅在温曲村风火流星的基础上，大胆吸取杂技、武术、京剧表演之精髓，创造并形成了太原县城特有的风火流星表演风格。20世纪90年代，由其孙韩金牛通过走访老艺人，收集整理出风火流星的传统技艺，县城风火流星成为2008年第二批国家级非物质文化遗产。

抬阁

县城的“抬阁”活动，源自“迎神”“祈雨”的祭祀活动。抬阁，是将两根七八米长的抬杆固定在矮方桌下方，矮方桌上置三四米高的铁架，将眉清目秀的童男童女用布缠裹在铁架上，按人物造型穿戴好戏装，并将阁内外加以装饰，由八个壮汉按照行进节拍抬着游行。

精 童 装 品

背棍

在年轻力壮的成年男子肩部、腰部固定上铁架，并在铁架上用布缠裹上 1—3 名已扮上戏中人物造型的童男童女，按照行进节拍表演游行。背棍有单人、双人和多人组合等多种表演形式。

舞龙灯

舞龙灯这项表演活动，源自上古，汉代就已经达到普及的程度。龙灯骨架用竹圈扎成，外部用绢布包裹并施以彩绘，并配有龙头、龙尾及手持木杆，一般为 8 节或 12 节。舞龙灯时，前有一人手持绣球指挥引路，在游行间变换表演造型。

雅诗时尚化妆品店

二鬼摔跤

县城的“二鬼摔跤”这项活动，民间有这样的传说：说是宋朝开国皇帝赵匡胤和其弟赵光义“火烧水灌”晋阳城，晋阳百姓对他们恨之入骨，遂以“二鬼摔跤”来丑化赵匡胤和其弟赵光义。表演人身穿两个双手相互搂抱的道具，双臂穿靴，拄地为假腿，通过推、拉、扭、前后摆动等动作来表演，似“二鬼摔跤”。

武技“晋阳三三叉”

“晋阳三三叉”，是由一个1米多长的木棍顶端，套着带有三个分叉的铁器，由表演者通过表演套路演绎的一项民间杂耍活动。相传“晋阳三三叉”源于唐代，当时，驻守晋阳东城角的驻军，打败了来犯之敌后，在庆祝胜利时，将士兵的兵器抛向空中，或在手中杂耍，这就形成了“晋阳三三叉”之雏形。

明太原县城的民间竞技

民间竞技在县城是一种分布极其广泛的民间体育活动，其中包括跳绳、踢毽子、打秋千、放风筝、滑冰、掏窑窑、叼乖乖、滚铁环、黄鼠狼吃鸡等大众竞技活动。游戏竞技中还有简易棋类民间竞技活动，田间地头、街头巷尾比较普及，诸如：递方、打枪、憋茅子等。

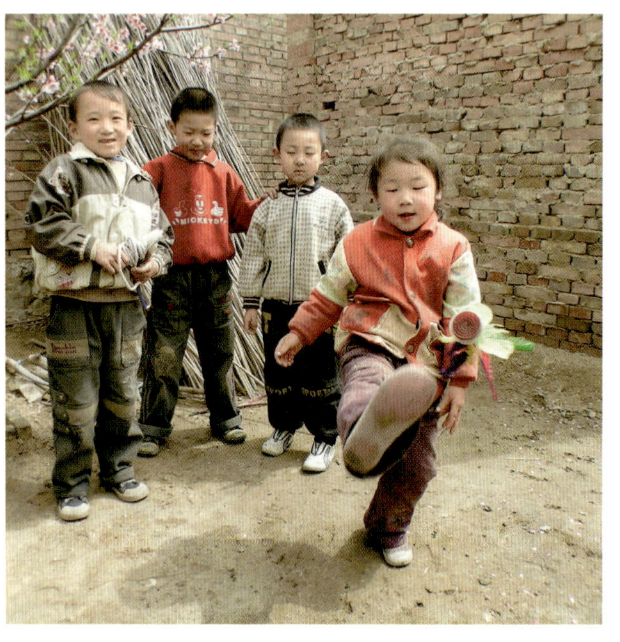

踢毽子

踢毽子是一项流传已久的民间竞技，这项活动可使腿、脚、臂、手、腕、眼等身体各部位都得到锻炼。毽子的种类繁多，但一般的毽子分为毽铊和毽羽两部分。毽铊多为圆形的铜钱或金属圆片，毽羽多为翎毛、羊毛、绒线条等，制作也非常简单，就将毽羽缝缀于毽铊上。在我国的汉代砖雕中就有踢毽人物造像，足见历史久远。这项活动由于简便易行，因此广为流传。

打秋千

打秋千亦称荡秋千，该活动兴盛于汉唐。在木架、铁架或树杈上悬挂两绳，下拴横板。活动时，人于横板上站或坐，两手握绳，借惯性前后摆动，越荡越高。秋千是由北方少数民族创造的一种运动。汉代就有了关于秋千的记载，此项活动流传至今，已有上千年的历史。

跳绳

跳绳这项活动，在我国的唐代就有“透索为戏”之说，到了明代，跳绳这项活动被称作“跳百索”，清代被视为“绳飞”。跳绳有长、短绳之分。长绳可多人跳，短绳则可单人或双人跳。跳法种类亦多种多样。

滑冰

滑冰，亦称“冰嬉”，该活动主要在冬季的户外。滑冰的形式主要是冰车。冰车是用木板或木条钉成一个能坐上人的长方形木架，在木架下边左右钉上能够接触到冰面的铁条，人坐在木架上，两手各持一截带尖的铁棍用来加力，冰车就滑行起来；带尖的铁棍也兼有冰车运行方向和制动的作用。

放风筝

春天放风筝的习俗，也是由来已久。历史上，县城内制作风筝作坊就有多处。风筝的制作是用细竹扎成骨架，糊上纸张或丝织品，并施彩绘，系以长线，利用风力放飞到空中。风筝的种类繁多，以硬翅及软翅风筝较为常见。

掏窑窑

掏窑窑又叫翻绳、翻花，由一根长绳打结成环，将线环套于手指或手腕，另一人分别用两指挑起其中两股线，套在自己手指上；两人交替翻出形如拉面、斜方块、牛槽、酒盅等图案；单人挑翻有：乌龟、降落伞、太阳落山等图案。翻绳、翻花是少年儿童喜爱的一种娱乐活动。

刁乖乖

刁乖乖是女孩们喜爱的一种娱乐活动，需要用四至六个羊腿关节间的小骨头（亦称“羊拐”）和一个内装沙豆类的小布包，玩时一手先将骨头撒于平处，再将小布包抛向空中，并趁布包在空中下落间隙将骨头凸面或凹面翻成一致，抓在手中连同空中下落的布包一齐抓住。反复多次，以此确定输赢。

黄鼠狼吃鸡

俗称“黄鹞吃鸡”，又叫“老鹰抓小鸡”，是多人参与的活动。由一人扮黄鼠狼，一人扮老母鸡，其余为小鸡，小鸡拉着老母鸡的后衣襟，且一个拉着一个。老母鸡张开双臂保护小鸡。黄鼠狼左追右赶，瞅机会扑过去抓小鸡，若抓不住小鸡，依旧充当黄鼠狼；若抓住一只小鸡，则被抓的小鸡改任黄鼠狼，游戏重新开始。

顶悠儿

顶悠儿，又叫打岗。相传，顶悠儿的游戏源于宋代，明清时期传入太原县城。这项活动参与人多，不仅孩子们喜欢，成年人也经常玩耍。悠儿即是将打磨好的石片、瓦片、砖头或木片，立于地面，先在 2 米左右的距离间隔各画一条横线，一方将悠儿竖在一端线上，另一方用自己的悠儿从另一条横线掷击对方的悠儿。如未能击倒则失去继续击打的机会，换至另一方击打，若击倒，则得到继续击打的机会，进攻用脚夹悠儿的方式击打，并尽可能使自己的悠儿靠近对方的悠儿。然后用一只脚推动自己的悠儿击倒对方的立悠儿。击倒对方立着的悠儿次数多者为胜。此活动，手脚并用，是锻炼身体的一种方式。

滚铁环

滚铁环，亦称推轱辘圈、推圈儿，是一种民间传统的儿童游戏。铁环有扁铁和圆形钢筋两种，用一根铁丝弯成的铁钩，推动铁环伺前滚动，既比速度，也比技巧和距离。

建设
中博建设
中博建设

浴火重生
古往今来
北門

明太原县城作为太原市的重要历史文化街区，伴随着古县城复兴工程的全面推进，正经历“涅槃”的蜕变。时间的积淀，加深着人们对这座古城的记忆。

考古发掘

西城墙遗址考古发掘

北瓮城殿堂遗址考古发掘

文庙殿堂遗址考古发掘

北护城河桥址考古发掘

拆迁

康丽 KL 搬家
133333
6133333
晋A 4566S
晋A·4566S
百草味

城门

浴火重生 古往今来

城墙

浴火重生　古往今来

中博建设
ZOOMLION
中博建设
中博建设

院落

再造

浴火重生 古往今来

金牛湖

道路管网

内环道路

DA HAN
ZOOMLION

SUMITOMO

后记

历史性、多样性和演变性的视角，与摄影领域内主导地位的记录观点形成了鲜明的对比。记录摄影的一大功能应该是以摄影集的形式对现实进行一次新的清点和存档。

多少次的徘徊与注目：斑驳的城楼，幽深的古巷，古街上的深宅大院，还有那依稀可辨的暮鼓晨钟，也许遗去了的车马喧嚣、游商叫卖的号子声，对于这座有着六百多年的城池所留存的斑驳，通过镜头的切割、提取、抽象、记录，迅速积累了丰富的、现实的局部视角和片段。于是，一大堆散乱的图像记忆着被找回的那个有机整体，由这些碎片和片段重新构成了整体。幸好，踱步与约定是历史的声音和味道，让记录前行不能终止。

摄影与历史和未来是不可分割的。文字的解读，图片的视角，与这座城池、街区的结合触动了人文的情感。感恩这座古城和同仁，给我注入了勇气与前进的力量，并在这座古城留下探究的痕迹……

石建设

2018 年 5 月于太原